W0245419

INHALT

MESHEL LAURIE

NACH DER TRENNUNG KOMMT DAS GLÜCK

MIT BUDDHA DEN LIEBESKUMMER MEISTERN

Aus dem Englischen
von Ulrike Kretschmer

Ullstein

Besuchen Sie uns im Internet:
www.ullstein-buchverlage.de

Deutsche Erstausgabe im Ullstein Taschenbuch
1. Auflage Juli 2018
© für die deutsche Ausgabe
Ullstein Buchverlage GmbH, Berlin 2018
© 2017 Meshel Laurie
Titel der englischen Ausgabe: *Buddhism for Break-ups*
Die Originalausgabe ist erschienen bei Nero,
ein Verlag der Schwartz Publishing Tty Ltd
Umschlaggestaltung: zero-media.net, München
Titelabbildung: © FinePic®, München (Frau);
© Getty Images/mysondanub (Ranke)
Satz: KompetenzCenter, Mönchengladbach
Gesetzt aus der Adobe Garamond
Druck und Bindearbeiten: CPI books GmbH, Leck
ISBN 978-3-548-37752-0

Einführung: Meine Geschichte

Als meine Ehe in die Brüche ging, suchte ich verzweifelt nach einem buddhistischen Buch über Trennung, fand aber kein einziges. Vielleicht deswegen, weil Mönche und Nonnen im Zölibat leben. Einmal hat jemand Seine Heiligkeit, den 14. Dalai Lama, gefragt, ob er es bedaure, nicht verheiratet zu sein beziehungsweise keine Familie zu haben. Wenn ihm dieser Gedanke käme, antwortete er, unterhalte er sich einfach mit verheirateten Freunden. Dann kicherte er und fügte mit einem verschmitzten Funkeln in den Augen hinzu: »Hinterher weiß ich wieder, dass es sich im Zölibat wesentlich friedlicher lebt!«

Und so suchte ich mir das, was ich brauchte, aus verschiedenen buddhistischen Quellen selbst zusammen. Schon bald stellte ich fest, dass sich Menschen, die gerade eine Trennung durchmachen, exzellent als Prisma eignen, durch das man buddhistische Prinzipien studieren kann: In ihnen spiegeln sich unendlich viele menschliche Schwächen und Ängste. Für wie einzigartig wir uns auch halten mögen, ein gebrochenes Herz stellt uns alle vor ganz ähnliche Schwierigkeiten – Schwierigkeiten, die unsere primitivsten Seiten zum Vorschein bringen. Buddha erkannte, dass sie und unser Umgang damit das Fundament unseres Gefühlslebens bilden. Er entwickelte einen Leitfaden, der es uns ermöglicht, die Kontrolle über unsere Gefühle zu erlangen und uns unser Glück selbst zu *erschaffen,* statt herumzustolpern und darauf zu hoffen, ihm irgendwann zufällig in die Arme zu laufen.

Seien wir ehrlich: Wir sind in vielerlei Hinsicht immer noch ziemlich primitive Wesen. Solange noch niemand eine App entwickelt hat, die uns entspannt und glücklich macht, unabhängig davon, was um uns herum geschieht (natürlich ohne Drogen und ohne den dazugehörigen Absturz), ist Buddhas uraltes Schritt-für-Schritt-Selbsthilfeprogramm eines der einfachsten und effektivsten Modelle. Obendrein passt es perfekt zu unserem modernen Leben, und für diese spirituelle Entgiftung brauchen wir noch nicht einmal Geräte oder exotische Früchte. Studieren Sie die Leitgedanken, und nehmen Sie sich ein wenig Zeit, in Ruhe darüber nachzudenken. Sie müssen sich nur ein Herz fassen und sich Ihren Gefühlen stellen.

Doch zuerst möchte ich erzählen, wie ich zu Buddhas Leitfaden und in die Situation gekommen bin, in der ich ihn so dringend gebraucht habe.

**Wie gut er auch aussieht —
irgendwo gibt es irgendjemanden,
der die Schnauze gründlich voll von ihm hat.**

Das ist meine Lieblings-Graffiti-Weisheit. Sie stand ganz oben an einer Wand im stickigen Hinterzimmer eines Pubs, in dem ich mit Anfang 20 mindestens einmal in der

Woche einen Auftritt als Stand-up-Komikerin hatte. Ich weiß nicht, wer den Spruch erfunden hat, bin mir aber ziemlich sicher, dass er nicht von Buddha stammt (obwohl ich zu behaupten wage, er würde der Aussage prinzipiell zustimmen).

Wenn ich damals gerade keinen Auftritt hatte, verbrachte ich meine Zeit damit, mich in Adrian zu verlieben. Groß, schlank und klassisch hübsch, dichtes braunes Haar, Schmollmund, hohe Wangenknochen und große blaue Augen – ja, doch, Adrian sah definitiv gut aus. Und als ob das noch nicht genug war, hat er mir gleich am Anfang gestanden, dass es ein paar Damen gab, die die Schnauze gehörig von ihm voll hatten (Adrian ist nicht nur attraktiv, sondern auch rigoros ehrlich und selbstkritisch – was für eine Kombination, he?).

Ich konnte mir natürlich nicht vorstellen, je irgendetwas an diesem wunderbaren Mann sattzuhaben, der sexy und tollpatschig zugleich war, direkt und schüchtern, vernünftig und künstlerisch verträumt. Und so stürzte ich mich kopf-über in die Beziehung und heiratete ihn, auf den Tag genau sechs Monate nachdem wir uns auf dem Raucher-Treppen-absatz bei einer vom Arbeitsamt vorgeschriebenen Qualifi-zierungsmaßnahme kennengelernt hatten. (Wie man sieht, waren die Vorzeichen einfach fantastisch!)

Kurz vor der Hochzeit beendete ich eine Freundschaft mit einer Frau, die hinter meinem Rücken gelästert hatte: »Meshel heiratet Adrian nur, weil er der Erste ist, der ihr je gesagt hat, dass er sie liebt.« Wie unverschämt!

Und wie wahr. Ich war 23 und hatte noch nie einen Freund gehabt. Ein paar Freunde mit gewissen Vorzügen, das schon. Hin und wieder ein entgegenkommender Fremder? Klar. Aber niemanden, der zu mir gehörte. Niemanden, der mir sagte, dass er mich liebte. In diesem Zusammenhang ist es vielleicht nicht überraschend zu hören, dass ich als Teenager und mit Anfang 20 eine schwierige Beziehung zu meinem Vater hatte. Adrians Liebe bedeutete mir alles, und ich war entschlossen, sie um jeden Preis festzuhalten.

Von den Bedenken, die andere wegen unserer eher überstürzten Hochzeit hatten, wollte ich nichts hören. In dieser Phase meines Lebens verdrängte ich mit Vorliebe unangenehme Gefühle, wann immer es möglich war, und kostete es, was es wollte. Als ich Adrian kennenlernte, konsumierte ich sogar Heroin. Zu meinem Glück lehnte Adrian das ab; seine Aufmerksamkeit tröstete mich und stillte den Schmerz, und ich hörte damit auf. Die Tatsache, dass er sich zu mir hingezogen fühlte, war berauschend genug – seine Liebe war die beste Droge. Sie blendete alles Schlechte, das ich bislang erlebt hatte oder in der Zukunft fürchtete, aus. Dass Adrian mit mir zusammen sein wollte, vermittelte mir zum ersten Mal seit meiner frühen Kindheit das Gefühl, einen Platz in der Welt zu haben.

Natürlich fragte ich mich, was zum Teufel dieses wundervolle Geschöpf wohl in mir sah. Wenn ich ihn darauf ansprach, stotterte er: »Weiß nicht ... Du bist so ... nett«, oder etwas ähnlich Tiefsinniges.

Eines denkwürdigen Tages fragte ich Adrian, woran er gerade dachte, und er antwortete versonnen: »Ach, nur an smiles.«

Ans Lächeln! Ich brach buchstäblich in Freudentränen aus: ich und ein solch himmlischer Poet, gemeinsam auf einer Matratze auf dem Boden einer schmuddeligen WG in Brunswick!

(Er fühlte sich angesichts meiner emotionalen Reaktion schließlich schuldig und gestand, »Smiles« sei der Name eines Souvlaki-Ladens um die Ecke. Anscheinend hatte er nur Hunger gehabt.)

Ja, damals flossen viele Freudentränen. Ich konnte es einfach nicht fassen, dass Adrian sich für mich entschieden hatte. Rückblickend glaube ich, der größte Anreiz für ihn bestand darin, dass ich ihm so etwas wie eine Zukunft bot. Er gibt heute zu, dass er sich zu dieser Zeit ganz schön verloren gefühlt hat, und ich habe offenbar den Anschein erweckt, ein Ziel zu haben. Diese Vorstellung kann für jemanden ohne Orientierung ziemlich tröstlich sein.

Die WG war Adrians Behausung, ich hingegen hatte eine hübsche Wohnung in St. Kilda. Unsere Unterkünfte verrieten viel über unsere unterschiedlichen Lebenseinstellungen. Mich zieht es immer nach draußen, wo ich aktiv sein kann, während Adrian sich von den Anforderungen des Lebens oft überfordert und erschöpft fühlt. Je öfter er sich vor der Welt verstecken kann, desto glücklicher ist er. Wir hatten damals beide nicht viel Geld, ich aber das Talent, aus wenig viel zu machen, sodass ich ein recht komfortables Leben führte. Ich wohnte in einem coolen Vorort. Ich hatte ein Auto. Ich ging mit meinen Freunden auf ein Bier. Ich fühlte mich wohl in meinem Leben! Adrian hingegen hauste mit ein paar Typen auf einer Müllhalde und fühlte sich wie ein Loser. Mein Lebensstil war eine konstante Herausforderung für mich, die ich bereitwillig akzeptierte; Adrian dagegen beschränkte Herausforderungen gern auf ein Minimum, was sich auch in seinen Lebensumständen widerspiegelte.

Doch trotz dieser Unterschiede fanden wir wie die meisten Paare einen Weg der Koexistenz. Wir wurden ein Team. Nachdem ich das dritte oder vierte Mal bei Adrian übernachtet hatte, vorsichtig über das klaffende Loch im Badezimmerboden gestiegen war und mich nachts nach draußen auf die Toilette geschlichen hatte – wir sprechen hier von einem Stadtteil von Melbourne im Jahr 1996, wohlgemerkt! –, schlug ich ihm vor, zu mir zu ziehen. Und so begannen 19 Jahre des Zusammenlebens. Ich wusste es damals noch nicht, aber ich unterschrieb damit eine virtuelle Übereinkunft, die mir letztlich die Luft abschnüren sollte. Ich wurde Präsidentin, Vizepräsidentin und alleinige Angestellte der »Aus wenig mach viel«-Abteilung unserer Beziehung. Die Annehmlichkeiten – genauer: das Geld dafür – lagen ausschließlich in meiner Verantwortung; und was zusätzliche Anforderungen betraf, zeigte sich Adrian nie besonders schüchtern. Ich hatte unzählige schlaflose Nächte, in denen ich grübelte, woher ich das Geld für die Miete oder die Hypothek nehmen sollte. Adrian verschwendete keinen einzigen Gedanken daran. Nicht seine Abteilung!

Bevor Sie jetzt vor Wut schäumen, sollte ich hinzufügen, dass auch Adrian einen recht schwierigen Bereich unserer Beziehung übernommen hatte. Er hatte die Aufsicht über mein Selbstwertgefühl, dessen Kultivierung und Pflege ich ganz allein ihm überließ. Eine sehr lange Zeit übertrug ich ihm die volle Verantwortung für jede meiner emotionalen Unausgeglichenheiten und Selbstvertrauenskrisen. Meine eigene Arbeit an meinem emotionalen Wachstum stellte ich komplett ein.

Die beiden Abteilungen funktionierten in etwa so: Ich unterschrieb einen Miet- oder später Hypothekenvertrag, der mich mehr kostete, als ich mir leisten konnte, damit wir dort leben konnten, wo es Adrian gefiel. Dafür lieferte Adrian mir die Aufmerksamkeit und Zuneigung, die ich brauchte, um der Welt mit dem Selbstvertrauen gegenüberzutreten, das uns das nötige Geld verschaffte.

Und das funktionierte tatsächlich ziemlich lange. Ich war ungeheuer stolz auf die Wunder, die ich vollbrachte, um Adrian zu beeindrucken; und im Gegenzug überschüttete er mich mit Aufmerksamkeit und Zuneigung. Doch mit der Zeit verschleißen solche Arrangements, bei denen jeder Partner eine festgelegte Rolle in der Beziehung spielt. Wir ermüden und sehnen uns nach einer Pause von der übernommenen Verantwortung. Meist aber mangelt es uns an der Fähigkeit, dies in klaren und nicht verletzenden Worten zu äußern, und stattdessen kommt es zum Eklat.

Noch allerdings zeichnete sich für mich der Verschleiß nicht am Horizont ab. Ich war viel zu beschäftigt damit, Adrian mit meiner Liebe zu überschütten, um mir Gedanken darüber zu machen, ob wir vielleicht in schlechte Angewohnheiten verfielen. Die Technik des »mit Liebe überschütten« wird gern auch von Psychopathen und Sektenführern benutzt, ich bin also nicht sonderlich stolz darauf; zu meiner Verteidigung muss ich allerdings sagen, dass ich mir dessen damals nicht bewusst war. Im Grunde genommen überhäuft man dabei sein Gegenüber mit Schmeicheleien und Zuneigungsbezeugungen. Dadurch hat das Zielobjekt das Gefühl, endlich in seinem wahren Wert erkannt und geschätzt zu werden – die Technik funktioniert demnach besonders gut bei Menschen mit einer von Natur aus geringen Selbstachtung. Abgesehen von seiner Arbeitslosigkeit war Adrian auch ein Kind vom Land aus schwierigen Familienverhältnissen und hatte bereits eine schlimme Trennung erlebt. Er war absolut reif für meine unzähligen Liebesbezeugungen. Ich gab ihm das Gefühl, etwas Besonderes zu sein, und schenkte ihm Geborgenheit. Ich glaube, ein großer Teil seiner Zuneigung für mich war schlichte Erleichterung.

So lief unsere Beziehung viele Jahre lang mehr oder weniger reibungslos. Wir glichen unsere Schwächen gegenseitig aus und schlossen einen starken Bund aus Vertrauen und Unterstützung. Wir akzeptierten unsere individuellen Schrullen und konnten von Glück reden, eine Beziehung gefunden zu haben, in der wir uns beide sicher fühlten. Ich schlug alle Bedenken in den Wind und zeigte der Welt meine ehrgeizige Seite, Adrian lebte sein zurückgezogenes Leben außerhalb der Mainstream-Gesellschaft, die ihm Angst machte.

Adrian zog mit mir durchs Land, während ich die Karriereleiter in der Unterhaltungsindustrie erklomm. Dass wir wieder einmal umziehen mussten, erfuhren wir meist sehr kurzfristig. Dann machte Adrian sich Sorgen und begann zu packen, während ich ihm versicherte, die Veränderung wäre positiv. Wenn wir in unserem neuen Zuhause ankamen, machte Adrian sich Sorgen und begann auszupacken, während ich mich in meinen neuen Job stürzte und ihm auf dem Weg zur Haustür hinaus noch ein paar aufmunternde Worte zuwarf. Es war wie in einer Sitcom aus den Sechzigern, nur umgekehrt: Ich war Darrin aus *Verliebt in eine Hexe,* er die süße Samantha. Ich war gestresst, wichtigtuerisch und emotional unbeständig, er war gelassen und sprach weder über seinen Stress noch über seine Sorgen. Unsere finanziellen Nöte versuchte ich für mich zu behalten; meine Anerkennung zeigte ich Adrian, indem ich uns mit materiellen Gütern überhäufte, von Xbox bis hin zu Überseereisen.

Ich war mir fast mein ganzes Erwachsenenleben lang sicher, dass Adrian und ich uns nie trennen würden. Unsere Beziehung war das Einzige, worüber ich mir keine Sorgen machen musste.

Damit allerdings lag ich falsch.

Adrian wuchs über unsere gemeinsame Dynamik hinaus. Er wurde es leid, in meinem Schatten zu leben, wie früher oder später so viele Partner tatkräftiger Menschen. Er wollte sich endlich auf die Suche nach seiner Identität machen.

Ich habe nie aufgehört, Adrian zu lieben, doch als er begann, mich abzuweisen, wirbelte das Unmengen negativer Gefühle in mir auf, die es mir nicht leicht machten, meiner Liebe Ausdruck zu verleihen. Mein Ego sagte mir, er hätte kein Recht, mich nicht mehr zu lieben, nach allem, was ich für ihn getan hatte; meine Angst sagte mir, ich dürfe ihn nicht gehen lassen, ob ihm das nun gefiel oder nicht.

Wann immer ich mir meine Zukunft nach einer Trennung vorstellte, war ich geradezu gelähmt vor Angst. Ich hatte Angst davor, allein zu sein, davor, dass er sich wieder »verpartnerte«, wie es die Scheidungsanwälte so schön ausdrücken, ich hatte sogar Angst, mich selbst zu verabreden. Tief in mir drin hatte ich fast ebenso viel Angst davor, Sex mit jemand anderem zu haben, als nie wieder Sex zu haben. Es gibt da draußen viel, wovor man sich fürchten kann!

Zum Glück hatte ich etwas, an das ich mich wenden konnte: den Buddhismus.

Meine erste Begegnung mit dem Buddhismus hatte bereits Jahre zuvor stattgefunden, als ich Hilfe im Umgang mit arbeitsbedingtem Stress suchte. Adrian hatte meine Stimmungsschwankungen damals gründlich satt. Ich steckte tief in einer Depression, weil ich einen Job verloren hatte, der mir sehr ans Herz gewachsen war. Also besuchte ich einmal in der Woche einen Kurs im buddhistischen Zentrum. Der Kurs eröffnete mir eine ganz neue Lebensperspektive. Als ich mich besser fühlte, ging ich nicht mehr regelmäßig hin, kehrte aber immer wieder dorthin zurück, wenn es hart auf hart kam.

Dennoch dauerte es sehr lange, bis ich den Buddhismus als Lösung wirklich akzeptierte, als meine Ehe ins Schwanken geriet. Ich wich ihm aus, weil ich wusste, dass ich dafür als Erstes Adrian loslassen musste – und das war das Letzte, was ich wollte!

Schließlich aber wurde mir klar, dass ich keine Wahl hatte: *Er* hatte *mich* gehen lassen, was sich auf jeden einzelnen Bereich meines Lebens auswirkte. Damals moderierte ich gerade gemeinsam mit Marty Sheargold und Tim Blackwell eine landesweite Radiosendung zur Hauptverkehrszeit, die die Menschen auf dem Weg zur und von der Arbeit unterhalten sollte – nur dass ich auf meinem Weg zur Arbeit stundenlang im Auto heulte. Glücklicherweise sind Tim und Marty brillant, sodass es keinem außer mir auffiel, wie wenig ich eigentlich zur Sendung beitrug. Ja, auch in diesem verrückten Geschäft hat man manchmal wirklich Glück! Trotzdem brauchte ich Hilfe.

Um zu beschreiben, wie ich den Buddhismus in meinem Leben einsetze, habe ich mir einen Ausdruck von den Anonymen Alkoholikern ausgeliehen: »das Programm durcharbeiten«. Statt sich mühsam erst selbst Wege für den Umgang mit ihrer Sucht suchen zu müssen, konzentrieren sich die Mitglieder auf die klare Vorgabe des »Zwölf-Schritte-Programms«, bei dem sie sich immer nur einen Schritt auf einmal vornehmen. Unser Eheberater James witzelte einmal, Adrian und ich seien ausgesprochen kreativ – wie man an der Art, mit Problemen umzugehen, klar erkennen könne. Ich stellte mich der Tatsache, dass ich aufhören musste, kreativ zu sein, und stattdessen das Programm durcharbeiten sollte, das Buddha vor über zweieinhalbtausend Jahren aufgestellt hatte. Ich musste mich seiner Weisheit und der der heute lebenden großen buddhistischen Gelehrten beugen. Ich musste die Demut entwickeln, zugeben zu können, dass ich keine Antworten hatte. Ich musste *aufgeben.*

Das Zentrum meiner Sturheit und der damit einhergehenden Ängste bildete die schlichte Angst vor dem Unglücklichsein. Wie die meisten Menschen redete auch ich mir ein, dass ich vieles zum Glücklichsein brauchte. Und ganz oben auf der Liste stand der perfekte Partner, der Seelenverwandte, wenn man so will. Diesen Seelenverwandten glaubte ich in Adrian gefunden zu haben, und deshalb war ich auch felsenfest davon überzeugt, dass unsere Beziehung ewig halten würde. Tatsache jedoch ist, dass sie auf die eine oder andere Weise *immer* auf dem Spiel gestanden hatte.

Diese verdammt harte Wahrheit muss man erst einmal verdauen!

Keine Beziehung hält ewig. Selbst wenn Adrian und ich glücklich bis ans Ende unserer Tage gelebt hätten – wie groß stehen die Chancen, dass er und ich zur selben Zeit sterben? Es war immer viel wahrscheinlicher, dass einer den Verlust des anderen würde betrauern müssen. Und so ist es in jeder Liebesbeziehung, auch wenn die wenigsten darüber nachdenken wollen.

> *Alles, was lebt, muss sterben,*
> *und alle, die sich begegnen, müssen auch*
> *wieder auseinandergehen.*
> BUDDHA

Keine Beziehung – sei sie romantischer, familiärer oder platonischer Natur – ist absolut und für die Ewigkeit bestimmt. Irgendwann in unserem Leben verlieren wir alle jemanden, der uns nahesteht. Manchmal entschließt sich der andere, uns zu verlassen, manchmal wird er uns auf tragische Weise genommen, und manchmal stellt sich heraus, dass er uns ohnehin nie (an-)gehörte. Doch so oder so wird die Beziehung enden. Obwohl wir wissen, dass das stimmt, reden wir uns ein, unser Glück hinge davon ab, wie andere uns sehen, wie sehr sie uns vertrauen und wie treu und brav sie andere zu unseren Gunsten verlassen.

Am Ende war ich diejenige, die die Scheidung anstieß. Weil er so große Angst vor Veränderungen hat, wäre Adrian sicherlich mit mir verheiratet geblieben. Wir hätten einfach weiter so tun können, als sei nichts dabei, dass er in einer kleinen Einliegerwohnung hintenraus lebte und sich mir nicht auf zehn Schritte näherte, wenn die Kinder nicht zu Hause waren. Aber es gibt auf der Welt nichts Einsameres als eine Beziehung ohne Liebe. Kein Bettgeflüster, kein gemeinsames Fernsehen, keine Insiderwitze, niemanden zum Kuscheln nach einem harten Tag … Mit jemandem verheiratet zu sein, der keine Zeit mit einem verbringen will, ist wie … Meine Güte, mir fällt noch nicht einmal ein passender Vergleich ein. Nichts, das die Abweisung, die Enttäuschung, die Einsamkeit beschreiben würde, die mich jahrelang begleiteten, als ich Nacht für Nacht allein im Bett lag.

Rund fünf Jahre lang, um genau zu sein – denn so lange brauchte ich, um den schmalen Grat zwischen der Hingabe an eine Beziehung und dem Schlagen des Schädels gegen eine Steinmauer zu erkennen.

Erkenne, was dich vorwärtsführt und was dich zurückhält, und wähle den Pfad zur Weisheit.
BUDDHA

Jedes Mal, wenn ich mich in den Monaten nach unserem

Entschluss, uns scheiden zu lassen, fragte, ob ich wohl das Richtige getan hatte, bekam ich ein Zeichen.

Eines Vormittags beispielsweise hatte ich einen Friseurtermin im Einkaufszentrum. Da Adrian das Haus zur selben Zeit verlassen musste, bat ich ihn, mich mitzunehmen. Schiere Faulheit meinerseits, denn das Einkaufszentrum liegt keine zehn Minuten zu Fuß von uns entfernt.

Keine zehn Minuten zu Fuß, aber fünfzehn Minuten mit dem Auto – wenn Adrian am Steuer sitzt. Ich wusste schon, dass ich in Schwierigkeiten war, als er von unserer Auffahrt rechts abbog. Die Hauptstraße unseres Vorortes liegt ganz entschieden *links* von unserer Auffahrt. Links und dann noch mal links, genau genommen, aber nicht so in Adrians Kopf. Dort ging es nach rechts, dann nach links und dann über den Ring um unser gesamtes Viertel, bis er schließlich doch auf der Hauptstraße landete. Anschließend fuhr er an acht Parklücken vorbei (ja, ich habe mitgezählt!), bis er am Ende der Straße angelangt war und dort parken konnte, wo er immer parkt, nämlich auf einem Parkplatz in einer ruhigen, kleinen Nebenstraße am Strand. Während mir auf dem Beifahrersitz ungläubig die Kinnlade herunterfiel, war ich ohne Übertreibung etwa so weit vom Friseur entfernt wie zu Hause, nur in entgegengesetzter Richtung.

Da ich mittlerweile spät dran war, kommentierte ich unsere Fahrt noch einmal kurz, knapp und nicht ohne Kraftausdrücke, knallte die Autotür zu und stapfte wutschnaubend zu meiner Verabredung ab. Zweifelsohne fragte er sich gerade – genau wie ich –, wie wir es so lange miteinander aushalten konnten. Adrian ist ein methodisch und langsam vorgehender Gewohnheitsmensch, der sich gern nur auf eine Sache gleichzeitig konzentriert. Ich hingegen bin eine geistesgegenwärtige Multitaskerin mit einem Handschuhfach voller Strafzettel, die immer noch irgendetwas irgendwo dazwischenquetscht und nichts mehr fürchtet als einen unproduktiven Augenblick.

Friseursalons eignen sich ausgezeichnet dafür, schlechte Laune abzureagieren. Vor allem der, den ich besuche – er ist sehr altmodisch. Die meisten Frauen, die an diesem Tag auch dort waren, sind in unserem Vorort aufgewachsen und zwischen 70 und 90 Jahre alt. Sie waren von einigen Aspekten meiner Erzählung schockiert, von Adrians furchtbarem Orientierungssinn etwa, aber auch von meinem Mangel an Geduld. Am schockierendsten für die billigen Plätze war allerdings die Neuigkeit, dass Adrian und ich uns nach fast 20 Jahren Ehe scheiden lassen wollten, obwohl keiner von uns eine unverzeihliche, ehegefährdende Sünde begangen hatte.

Alle anwesenden Damen waren ausnahmslos von ihren Ehemännern beim Friseur abgesetzt worden. Zwei von ihnen warteten draußen auf einem Platz an der Bushaltestelle, um ihre Frauen anschließend wieder nach Hause zu bringen. Die Frauen versicherten mir jedoch, ihre Beziehung sei bei Weitem nicht immer so harmonisch gewesen. Einer der süßen alten Käuze, die sich vor dem Geschäft sonnten, erhielt ein besonders zweifelhaftes Leumundszeugnis. Seine jugendliche Wildheit war Stoff zahlreicher Legenden; seine arme Frau hatte viele tränenreiche Nächte zu Hause verbracht, mit einem Stall voller Kinder, und sich gefragt, wo ihr Mann war, mit wem er zusammen war, wann er nach Hause kommen würde und wie viel Haushaltsgeld er wohl verpulvert hatte.

»Haben Sie je daran gedacht, ihn zu verlassen?«

»Oh nein«, erwiderte sie. »An so etwas hat damals niemand gedacht.«

Bis ich zu dem Entschluss gekommen war, mich scheiden lassen zu wollen, habe ich lange und ausgiebig darüber nachgedacht, was eine Ehe eigentlich ist und wie sie sich entwickelt. Meine Ehe mit Adrian war leidenschaftlich gewesen, als sie leidenschaftlich sein sollte; sie war auch lange eine Stütze gewesen, als sie eine Stütze sein musste. Wenn wir die Phase des Verdrusses und der Streitereien durchstanden, würden wir dann auch sanft in eine Art Alterskameraderie hinübergleiten? Würde auch ich schließlich mit einem süßen alten Mann dasitzen, der meine Handtasche hielt, während ich zum Friseur ging? Oder wären Friseurbesuche gar nicht mehr nötig, weil ich mir in den 40 Jahren bis dahin längst alle Haare ausgerauft hätte?

Ich zwang mich dazu, die Dinge aus einer anderen Perspektive zu sehen: der buddhistischen Perspektive.

Was, wenn ich akzeptierte, dass ich keinesfalls wissen konnte, was die Zukunft brachte?

Was, wenn ich aufhörte, mir Sorgen über die Zukunft zu machen, und mich stattdessen auf das Hier und Jetzt konzentrierte?

Was, wenn ich besonnen mit der Situation, wie sie nun einmal war, umging, statt mir zu wünschen, sie wäre anders?

Plötzlich begriff ich, dass viele meiner Zwistigkeiten auf den Streit über Zukünftiges hinausliefen. Ich konzentrierte mich mit aller Kraft sowohl darauf, was geschehen *sollte,* als auch darauf, was auf keinen Fall geschehen *durfte,* und war unglaublich schnell, wenn es darum ging, Adrian die Schuld für alles zuzuweisen. Ja, ich kann schon ein Schätzchen sein!

Aus buddhistischer Perspektive birgt diese Vorgehensweise zwei große Stolperfallen:

1. Das Nachdenken über die Zukunft
2. Jemand anderen für die eigenen Gefühle verantwortlich zu machen

In beide Stolperfallen bin ich mein ganzes Leben lang getappt. Ich habe es immer geliebt, im Voraus zu planen. Das klingt zunächst einmal vernünftig, kann aber im Handumdrehen in unnötige Sorgen umschlagen. Und wenn sich diese Sorgen dann zu einem Streit mit dem Ehemann über mögliche zukünftige Ereignisse auswachsen, an die nie jemand gedacht hat, geschweige denn, dass man entsprechende Vorkehrungen getroffen hätte, dann ist das ein potenziell großes Problem. Und mal ehrlich: Das Leben übt schon genug Druck auf uns aus, da könnten wir auf Panikattacken über bloße Gedankenkonstrukte ganz gut verzichten.

Was den zweiten Punkt betrifft, weiß ich, dass ich nicht allein bin, wenn ich beispielsweise hin und wieder sage: »Du machst mich so wütend!« Hier ein revolutionärer Vorschlag: Wie wäre es, stattdessen »Ich mache mich als Reaktion auf dich sehr wütend« zu sagen? Wiederum ist dies der buddhistische Blick auf Gefühle: Ich *selbst* bin es, der mich dies fühlen lässt.

Wir sehen uns beide Perspektiven später noch genauer

an, doch so viel sei hier schon verraten: Die Arbeit daran hat *alles* für mich geändert. Ich sah ein, dass mein Unglücklichsein eine Reaktion auf die mangelnde Kontrolle war, die ich über unsere Beziehung hatte. Adrians Gefühle konnte ich nicht beeinflussen, aber ich konnte die Verantwortung für meine eigenen übernehmen.

Als ich erst einmal damit aufgehört hatte, in der Zukunft zu leben, und mich der Realität des gegenwärtigen Augenblicks stellte, war mir auch klar, dass ich den Kampf um meine Ehe verloren hatte. Doch der Kampf um mein *Glück* hatte gerade erst begonnen. Und nur ich konnte ihn aufnehmen – gegen meine allzu große Bereitschaft, anderen für meine Gefühle die Schuld zuzuschieben.

Buddha zufolge ist Glück das Ende des Leidens.

Klingt gut? Klingt auch nach ziemlich viel Arbeit – *das Leiden beenden –,* vor allem wenn man gerade vom Schmerz einer Trennung gelähmt ist und sich schon Haarewaschen wie eine Meisterleistung anfühlt!

Fangen wir also erst einmal damit an, das Leiden zu *lindern,* in Ordnung? Ein winziger Schritt nach dem anderen, damit es Ihnen morgen ein ganz klein wenig besser geht als heute. Hier kommt es nicht auf Vollkommenheit an. Wir versuchen nicht, in der Mittagspause zur Erleuchtung zu gelangen. Wir versuchen, die Scherben nach einer Trennung aufzusammeln, unser Leben zurückzugewinnen und am Ende stärker und klüger daraus hervorzugehen, damit es nie wieder so schlimm wird. Damit wir vielleicht sogar wieder lieben können, wenn auch anders als vorher. Wir versuchen, den Schmerz hinter uns zu lassen und uns auf den Pfad zum wahren Glück zu begeben.

Beim Buddhismus geht es nicht ums Endspiel oder Vollkommenheit. Es geht einzig um die Reise. Durch den Buddhismus, mit dem ich mich schon seit Mitte der Neunziger beschäftige, habe ich gelernt, mit einer ganz anderen Einstellung durchs Leben zu gehen. Mal habe ich mich dabei täglich sehr intensiv mit buddhistischen Gebeten und Ritualen auseinandergesetzt, mal habe ich nur ein wenig darüber gelesen, je nachdem, wie gestresst ich war, und je nach Bereitschaft, die Verantwortung für diesen Stress selbst zu übernehmen. Wenn ich im Einklang mit mir und der Welt bin, verspüre ich ein beinahe grenzenloses Vertrauen und Frieden und nehme Herausforderungen mit Optimismus und Unbeschwertheit an.

Die Trennung von Adrian war die bislang größte Herausforderung, die ich in meinem Leben zu meistern hatte, und eines weiß ich ganz sicher: Durch die Lehren Buddhas wird es mir hinterher immer besser gehen als vorher.

Es stimmt, was man über die Zeit sagt: Sie heilt tatsächlich alle Wunden – wenn man sie lässt. Bei mir hat sie wahre Wunder vollbracht, sobald ich die Vergangenheit hinter mir gelassen und damit aufgehört habe, sie Tag für Tag als meine Gegenwart zu recyceln. Ich habe die schmerzhaften Jahre überwunden, indem ich die Gegenwart willkommen geheißen und mit ihr gearbeitet habe, die einzige Zeitzone, die ich tatsächlich beeinflussen kann. Das Leben in der Vergangenheit ist der böse Zwilling des Nachdenkens über die Zukunft. Es blockiert unsere Sicht auf das Hier und

Jetzt und verschwendet Unmengen von emotionaler Energie auf die Ereignisse, die wir nicht kontrollieren können. Diese Emotionen richten an gegenwärtigen Beziehungen verheerende Schäden an, wenn wir dies zulassen. Meine romantische Beziehung zu Adrian ist vorüber, aber ich muss verhindern, dass dies meine Beziehung zu unseren Kindern negativ beeinflusst. Diese Beziehung findet im Hier und Jetzt statt und ist voller Liebe und Vertrauen. Es ist an mir, sie zu nähren, sie zu hegen und zu pflegen.

Meine jetzt vorherrschende Emotion ist Aufregung. Ich bin gespannt, was die Zukunft mir bringt, aber ebenso begeistert vom Heute – einem Tag, an dem ich meine Beziehung zu Adrian hinter mir gelassen habe. Heute kämpfe ich nicht für meine Ehe. Heute versuche ich nicht, von jemandem geliebt zu werden oder herauszufinden, warum das nicht der Fall ist. Ich habe einen kleinen Kreis enger Freunde und Familie, und das genügt. Heute kann ich mich mit Adrian zum Abendessen verabreden, ohne angesichts der Zukunft, die ich für uns geplant hatte und die sich vor meinen Augen in Luft aufgelöst hat, in Tränen auszubrechen. Wir können sogar wieder gemeinsam lachen. Heute bin ich frei, ebenso wie er, und das ist verdammt großartig.

Wenn Sie dieses Buch in die Hand genommen haben, können Sie die Angst, die ich während meiner Trennung hatte, vielleicht ein wenig verstehen. Vielleicht spielen Sie selbst mit dem Gedanken, sich von jemandem zu trennen. Vielleicht machen Sie schon eine Trennung durch und sind in Aufruhr. Vielleicht haben Sie die Trennung hinter sich, fühlen sich aber immer noch verloren. Egal, in welchem Stadium des Prozesses Sie sich befinden, Sie werden mit Sicherheit auch die Angst überwinden. Möglicherweise kann ich Ihnen aber ein bisschen Zeit ersparen.

Ich habe dieses Buch so konzipiert, dass immer ein buddhistisches Prinzip vorgestellt wird, und zwar in der Reihenfolge, die Ihnen wahrscheinlich am besten dabei hilft, Ihre Gefühle in dieser verwirrenden und emotional intensiven Zeit zu sortieren.

Jedes Kapitel endet mit einer Zusammenfassung der wichtigsten Punkte. Ich persönlich kopiere solche Listen gern und klebe sie mir an den Spiegel, damit ich morgens einen Augenblick darüber nachdenken und mich auf den Tag vorbereiten kann.

Ich wähle auch manchmal inspirierende Zitate als Display-Hintergrund für mein Smartphone, damit ich immer ein wenig buddhistischen Zuspruch finde, wenn ich auf mein Telefon sehe (was lächerlich oft der Fall ist).

Dieses hier war lange Zeit mein Lieblingszitat:

Besiege die Wut mit Nicht-Wut.
Besiege die Schlechtigkeit mit Güte.
Besiege die Gemeinheit mit Großzügigkeit.
Besiege die Unehrlichkeit
mit Wahrheit.
BUDDHA

Das sollten wir hier und jetzt gemeinsam angehen. Uns selbst gegenüber die Freundlichkeit und Güte erweisen, die wir der Familie, Freunden, unserem Haustier, ja mitunter sogar unseren Lieblingssachen erweisen – aber selten uns selbst. Wir wollen uns in die Menschen verwandeln, die wir bewundern – die aus einer Trennung einen persönlichen Durchbruch machen.

1

Das Einmaleins des Buddhismus

Bevor wir uns näher damit beschäftigen, wie buddhistische Prinzipien uns bei einer Trennung unterstützen können, ist es hilfreich, ein wenig über die Ursprünge des Buddhismus zu erfahren – und über Buddha selbst. Hier also meine Kurzbiografie Buddhas.

Es war einmal ein indischer Prinz namens Siddhartha Gautama. Er kam um 623 v. Chr. im heutigen Nepal zur Welt. Die königliche Familie, deren Abkömmling er war, trug den Namen Shakya; später fügte man diesem noch den Sanskrit-Zusatz »muni«, der Weise, hinzu, sodass wir auch von Shakyamuni Buddha sprechen.

Der Legende nach erlitt seine Mutter während der Geburt keinerlei Schmerzen, und das Kind erblickte mit weit geöffneten Augen das Licht der Welt. Und nicht nur das: Es soll auch sofort aufgestanden sein und sieben Schritte getan haben! Da seine Mutter einige Tage später starb, wurde der Prinz von seinem Vater aufgezogen, der ihn geradezu abgöttisch liebte, mit Luxusgütern umgab und alles

Leid von ihm fernhalten wollte. So wuchs er jahrelang abgeschirmt durch hohe Palastmauern auf, bis seine Neugier schließlich doch obsiegte: Gegen den ausdrücklichen Wunsch seines Vaters befahl er einem Diener, ihm die Welt jenseits des Palastes zu zeigen.

Es dauerte nicht lange, da begegnete ihm die harte Realität: Siddhartha sah Krankheit, Alter und Tod und erkannte, dass sie uns alle ereilen, unabhängig von unserer gesellschaftlichen Position oder unserer Unkenntnis ihrer Existenz.

Der Prinz kehrte zum Palast zurück, sah ihn nun aber mit anderen Augen. Er hatte an dem Leben, das er bisher dort geführt hatte, einfach keine Freude mehr.

Eines Nachts, als alle schon schliefen, schor sich Siddhartha den Kopf, tauschte seine Kleider gegen Lumpen und schlüpfte heimlich aus seinen Gemächern. Und so begann seine Reise zur Erleuchtung.

Zunächst begab er sich auf die Suche nach Lehrern. Im ganzen Land suchte er, um mit den berühmtesten und gelehrtesten unter ihnen zu sprechen, doch erfüllte keiner von ihnen Siddhartha mit Zuversicht. Er war mit den Antworten, die sie ihm gaben, nicht zufrieden und zog immer weiter. Unterwegs schlossen sich ihm andere spirituell Suchende an. Er scheint sehr charismatisch gewesen zu sein, und seine offenen Fragen müssen sie ebenfalls in ihren Bann gezogen haben, denn sie beschlossen, mit ihm gemeinsam nach Erleuchtung zu streben.

Dabei hielten sie sich an heilige hinduistische Schriften, die den Weg der Selbstverleugnung, der Entsagung empfahlen, um zu seelischer Reinheit zu gelangen. Wir kennen diese Praktik heute als Askese; auch christliche Priester, Mönche und Nonnen üben sich darin, die als Form der Hingabe an Gott auf weltliche Freuden verzichten. Hinduistische Asketen nehmen strenge körperliche Züchtigungen auf sich – so fügten sich Siddhartha und seine Freunde beispielsweise selbst Schmerzen zu, hielten so lange wie möglich den Atem an und fasteten, bis sie wandelnden Skeletten glichen. Doch wurde der Prinz das Gefühl nicht los, dass solcherlei Akte der Selbstverleugnung im Grunde genommen nichts anderes waren als ihr genaues Gegenteil: extreme Maß- und Zügellosigkeit. Seiner Meinung nach musste es einen Mittelweg geben, ohne Extreme, auf dem man in einen Zustand des Seelenfriedens gelangte, in dem man sich ganz und gar auf das Streben nach Erleuchtung konzentrieren konnte.

Eines Tages war Siddhartha so schwach vom Fasten, dass er ein Kind, das gerade vorbeikam, um etwas Reis bat. Das Mädchen teilte seine Mahlzeit mit ihm. Gesättigt setzte er sich unter einen Bodhi-Baum, um mit klarem und friedlichem Geist zu meditieren. Es gelang ihm, sich sehr tief in die Meditation zu versenken, und plötzlich wurden ihm einige Wahrheiten bewusst. Er erkannte etwa, dass alles mit allem verbunden ist, ebenso wie er die Wahrheit über unser Dasein und das Leiden erfuhr.

Auf einmal wurde ihm klar, dass wir ständig wiedergeboren werden – jedes seiner früheren Leben stand ihm ganz deutlich vor Augen. Das Verbundensein erstreckt sich nicht nur über ein einziges Leben, sondern über alle unsere Leben hinweg. Die Umstände unserer Wiedergeburten werden dabei von unserem Verhalten bestimmt: das Prinzip des Karma. Darüber hinaus entdeckte er, dass es eigentlich sechs Bereiche des Daseins gibt, in die wir hineingeboren werden können; drei davon sind glücklich, die anderen drei unglücklich.

Ihm wurde auch bewusst, dass sich das, was wir Realität nennen, unablässig ändert und dass alle, vom kleinsten Insekt bis zum mächtigsten König, nach Glück streben und Unglück fürchten. Er erkannte die Täuschungen, denen wir erliegen, und ihre negativen Auswirkungen auf unsere zukünftigen Leben.

Schließlich jedoch sah er auch, dass es ein Ende allen Leidens geben kann: indem wir die wahre Natur der Dinge verstehen und so unser endloses Streben nach Vergnügen und unsere ängstliche Flucht vor dem Schmerz aufgeben.

Prinz Siddhartha war erleuchtet.

Seine Freunde waren inzwischen weitergezogen, doch er holte sie etwa fünf Wochen später wieder ein und hielt seine erste Lehrrede: über die Vier edlen Wahrheiten, die auch heute noch die Grundlage des Buddhismus bilden. Seine Schüler waren begeistert. Mit seiner Hilfe erlangten auch sie die Erleuchtung und wurden die ersten buddhistischen Mönche. Ihnen folgten viele andere, auch Frauen, die Gemeinschaft der Mönche und Nonnen nannte man Sangha.

Im Gegensatz zu Jesus hieß man Buddha zu seiner Zeit überaus willkommen; viele Herrscher des Landes, auch sein eigener Vater, priesen ihn und wurden seine Anhänger. Gewalttätigen Ausschreitungen oder gar Verfolgungen waren Buddha und seine Schüler nie ausgesetzt, und so wuchs und gedieh die Gemeinde, in der die Lehre mündlich weitergegeben wurde.

Buddha lehrte und übte seine Lehre frei aus, gründete Klöster und wurde immer beliebter und einflussreicher. Dabei führte er sein einfaches Leben fort und hielt sich an besagten Mittelweg. Einzig einige eifersüchtige Verwandte bereiteten ihm etwas Ärger, aber den schüttelte er schlicht ab – es ist sehr schwierig, sich mit jemandem zu streiten, der sich weigert, sich zu ärgern.

Im gesegneten Alter von 80 Jahren teilte Buddha seinen engsten Anhängern mit, dass sich sein Leben nun dem Ende zuneigte. Kurz darauf erkrankte er schwer an einer Lebensmittelvergiftung (unglaublich, oder?). Im Beisein seiner Diener ging er zunächst in einem Fluss baden und baute sich am Ufer des Flusses anschließend ein Bett aus Blättern. Er legte sich auf seine rechte Seite, rechter Arm und rechte Hand stützten den Kopf, der linke Arm ruhte auf seiner linken Seite.

Während er immer schwächer wurde, hielt er seine letzte Lehrrede, in der er seine Schüler bat, nicht den Verlust des Meisters zu betrauern, denn die Lehre, das Dharma, sei nun ihr Meister. Er erinnerte sie an ihre Vergänglichkeit, ermutigte sie, hart für ihre Erleuchtung zu arbeiten, verlor das Bewusstsein und starb.

In dieser Pose wird Buddha bis heute gern abgebildet. Achten Sie das nächste Mal, wenn Sie eine liegende Buddhastatue sehen, auf den ruhig-heiteren Gesichtsausdruck des Erleuchteten. Er erinnert an Buddhas Übergang ins Nirwana.

Ob man nun jede Einzelheit der Legende von Shakyamuni Buddha und seiner Erleuchtung glaubt oder nicht – sie enthält unbestritten Aussagen, denen sich die Vernunft nicht verschließen kann. Zweieinhalbtausend Jahre später kämpfen wir immer noch mit zerstörerischen Emotionen, fragen uns, warum guten Menschen Schlechtes widerfährt, und erkennen nach wie vor nicht die wahre Natur unseres Daseins.

Die Lehren des Dharma ähneln verblüffend den Lehren Jesu (dessen Zeugungsmythos übrigens auch einige eher zweifelhafte Aspekte enthält), weshalb es kaum verwundert, dass es in der westlichen Welt – in der der Buddhismus seit den 1950er-Jahren die Glaubensrichtung mit dem größten Zuwachs ist – immer mehr Überschneidungen zwischen Buddhismus und Christentum gibt.

Ebenso wie die verschiedenen östlichen Formen des Buddhismus ihre eigenen Ausprägungen haben – vom strengen und verinnerlichten Zen-Buddhismus in Japan bis zum überbordenden tibetischen Buddhismus, der im Schamanismus wurzelt –, so entwickelte auch der westliche Buddhismus einen spezifischen Charakter. Zweifelsohne hat Seine Heiligkeit der 14. Dalai Lama viel dazu beigetragen, das Dharma in allen Himmelsrichtungen zu verbreiten, doch die Hippiegeneration war diesbezüglich auch nicht faul.

Meine Freundin Yeshe Khadro (oder YK, wie sie im spitznamenliebenden Australien auch genannt wird) ist eine buddhistische Nonne, die unter anderem auch das Chenrezig Institute Dharma Centre and Retreat an der Sunshine Coast von Queensland sowie das Karuna Hospice in Brisbane gegründet hat. Sie verließ Australien 1972 mit einem Rucksack, ihrem damaligen Namen Marie und ihrem Freund, um sich gemeinsam mit ihm vier Wochen lang in ein buddhistisches Kloster zurückzuziehen, auch wenn beide über diese Glaubensrichtung zu der Zeit noch nicht viel wussten.

Zwei Jahre später kehrte sie als geweihte buddhistische Nonne nach Australien zurück und verbrachte die darauffolgenden Jahre damit, anderen zu versichern, sie sei keiner gefährlichen Sekte beigetreten. YK ist eine dezidiert westlich-buddhistische Nonne: Sie fährt Auto, hat einen Job und besitzt ein Haus. In anderen Ländern verzichtet die Sangha auf so etwas, doch dort werden die Mönche und Nonnen auch von der Gemeinde ernährt und unterstützt. Wer schon einmal in einem buddhistischen Land wie Thailand oder Kambodscha Urlaub gemacht hat, hat morgens auf der Straße vielleicht auch Männer und Frauen gesehen, die eine kleine Schale vor sich trugen. Traditionellerweise legen die anderen dann etwas in diese Schale hinein, meist etwas zu essen, immer öfter aber auch Geld. Als ich den jungen Mönchen in einem Kloster in Phnom Penh einmal Brot in ihre Schalen legen wollte, sahen sie mich mit dem Handy am Ohr an, als sei ich ein Landei. In unserer Gesellschaft existiert diese Tradition jedoch gar nicht, also muss die Sangha auch anders funktionieren. YK und ihre Gleichgesinnten arbeiten in der ersten Reihe an der Entwicklung unseres eigenen kulturell tragfähigen und praktizierbaren Buddhismus.

Dies kommt den Buddhisten im Westen natürlich sehr zugute, denn zwischen uns und den hochgestellten Lamas in Tibet gibt es manchmal doch kulturelle Barrieren. Das erinnert mich an eine Geschichte über eine Tagung, die 1990 in der Nähe der Heimat Seiner Heiligkeit, im indischen Dharamsala, abgehalten wurde. In der Frage-und-Antwort-Stunde bat jemand Seine Heiligkeit um eine Empfehlung zum Umgang mit Selbsthass.

Daraufhin tauschte sich Seine Heiligkeit längere Zeit mit dem Dolmetscher aus, bevor er schließlich auf Englisch und sehr bedächtig – so als spreche er das Wort zum ersten Mal aus – fragte: »Selbsthass? Was ist das?«

In der folgenden Diskussion versuchte man, dem Dalai Lama zu erklären, was man unter diesem Begriff versteht, aber er war immer noch verdutzt.

»Ich dachte immer, mir sei der Geist recht gut bekannt«, sagte er, »doch im Augenblick fühle ich mich ziemlich unwissend.«

Um nichts in der Welt konnte der Dalai Lama den Gedanken des Selbsthasses verstehen, denn er ergibt für einen tibetischen Buddhisten einfach keinen Sinn. Für uns Westliche dafür leider umso mehr. Deshalb ist es hier auch so wichtig, buddhistische Vorstellungen in ein kulturell verständliches Gewand zu kleiden.

Was ihn betrifft, so hat Seine Heiligkeit wiederholt gesagt: »Ich will niemanden zum Buddhismus bekehren – alle großen Religionen verfügen, wenn sie richtig ausgelegt werden, über das gleiche Potenzial, Gutes zu bewirken.«

Viele Menschen im Westen halten den Buddhismus eher für eine Philosophie als für eine Religion und gehören mitunter einer ganz anderen Glaubensrichtung an, während sie trotzdem weiter über das Dharma meditieren.

Genau genommen gibt es viele Buddhas, doch ist Shakyamuni Buddha derjenige, der zuletzt auf der Welt erschienen ist.

Buddha gilt als Lehrer, nicht als Gott.

Es herrscht der weitverbreitete Irrtum, dass Seine Heiligkeit der Dalai Lama die Reinkarnation Shakyamuni Buddhas ist. Tatsächlich ist er die 14. Reinkarnation Chenrezigs, des Buddhas des Mitgefühls. Ein völlig anderer Typ.

GUT ZU WISSEN

Der strahlende dicke Buddha, dem man allenthalben begegnet (siehe auch oben), ist nicht Shakyamuni Buddha. Sein Name ist Budai; der exzentrische Mönch lebte um 900 n. Chr. in China und war nicht nur beleibt, sondern auch sehr beliebt. Seine Darstellung ähnelt Maitraya, einem Buddha, der in der Zukunft mit weiteren Lehren erwartet wird.

2

LEERE

Wenn wir an Trennung denken, denken wir oft auch an Leere. Leeres Haus, leeres Bett, leeres Konto: Durch eine Trennung kann sich unser Leben auf vielerlei Weise leer anfühlen. Ich habe damals wirklich geglaubt, Adrian und ich würden für immer zusammenbleiben, und fühlte mich, als mir klar wurde, dass unsere Beziehung vorbei war, nur noch als halber Mensch. Ich konnte mir nur *eine* Zukunft vorstellen: eine gemeinsame Zukunft mit ihm. An meinem persönlichen Tiefpunkt fragte ich mich sogar, warum ich morgens aufstehen sollte. Für mich waren Adrian und unsere Partnerschaft immer der Zweck allen Tuns gewesen. Ohne ihn hatte ich keinen Grund, überhaupt irgendetwas zu tun. Mein Leben war leer, ohne jede Bedeutung. Jemand, der gerade eine Trennung durchmacht, kann verflucht melodramatisch sein.

Es liegt auf der Hand, dass diese Art zu denken viel Pathologisches, viel Verzweiflung und natürlich auch Angst und Gewohnheit beinhaltet. Doch mir hatte damals jemand zum allerersten Mal das Herz gebrochen. Ja, Sie haben richtig gelesen: Das erste gebrochene Herz mit Anfang 40. Also erteilte ich mir die Erlaubnis, dabei ganz nach *Eat Pray Love* vorzugehen. Na ja, zumindest nach essen und beten.

Bemerkenswerterweise waren allerdings die Gefühle, die ich damals mit dem Etikett »Leere« versah, im Prinzip das Ergebnis meines mangelnden Verständnisses des buddhistischen Sinnes von Leere.

Buddha forderte uns auf, unsere Vorstellung von Realität zu überprüfen, zu prüfen, ob das, was wir für real halten, auch wirklich existiert. Er hatte erkannt, dass der Mensch die Angewohnheit hat, Eigenschaften auf andere Menschen und Dinge zu projizieren und sich dann nicht mehr darum zu kümmern, ob sich vielleicht etwas verändert hat – oder ob wir uns verändert haben und deshalb nun anders reagieren. Haben Sie jemals von etwas gekostet, das Sie früher unappetitlich fanden – etwa Kaviar oder Blauschimmelkäse –, und dann festgestellt, dass es Ihnen auf einmal schmeckt? Ein wunderbares Beispiel dafür, die Realität zu überprüfen und sie verändert vorzufinden. Ab einem gewissen Alter verändert sich sogar die Realität unseres Körpers fast täglich. Judith Lucy hat einmal auf der Bühne gesagt, seit ihrem 35. Geburtstag sei die Pinzette zum wichtigsten Ausrüstungsgegenstand in ihrem Leben geworden. Ich weiß erst jetzt wirklich, was sie damit gemeint hat, habe vor Kurzem aber auch schon »Altersflecken« auf meinem Handrücken entdeckt und plötzlich eine Mandelallergie entwickelt. Ich meine – hallo?!

Wir verändern uns, ständig, – weshalb Buddha auch davon sprach, dass es das »Ich« nicht gibt. Es gibt kein definitives Ich, weil ich mich in jeder Sekunde verändere, ebenso wie alle anderen und alles andere. Deshalb müssen wir auch alles, uns eingeschlossen, regelmäßig hinterfragen. Dann stellt sich oft heraus, dass wir uns auf eine *frühere* Situation beziehen, darauf, wie sie war, nicht, wie sie jetzt ist. Und haben dann das Gefühl, plötzlich eine andere, für unsere Umgebung unverständliche Sprache zu sprechen.

Es ist gar nicht so verwunderlich, immer wieder anzunehmen, dass alles so bleibt, wie es war. Wir leben in einer komplexen und sich ständig verändernden Welt, in der wir unablässig mit Informationen überschüttet werden. Um damit fertigzuwerden, beschließen wir, im Wesentlichen schon zu wissen, was um uns herum vorgeht, und ihm keine Aufmerksamkeit zu schenken.

> Die Leere gehört zu den komplexesten Vorstellungen des Buddhismus, machen Sie sich also nichts daraus, wenn sie Ihnen zunächst unverständlich erscheint. Mein Rat: Denken Sie nicht zu viel, und hoffen Sie darauf, dass sich alles irgendwann zusammenfügt. Das hat bei mir funktioniert und klappt bei Ihnen bestimmt auch.

Dieses Beispiel kennen Sie wahrscheinlich schon aus dem Internet:

Finde den
den FEHLER!

1 2 3 4 5 6 7 8 9

Natürlich ist der Fehler der, dass das Wort »den« zweimal im Satz auftaucht. Das Rätsel spielt mit der Tatsache, dass wir häufig nur einen flüchtigen Blick auf etwas werfen, um es dann in Sekundenschnelle aufgrund unserer Erfahrungen in der Vergangenheit zu beurteilen und dann rasch zum nächsten Informationsbruchteil überzugehen. Wir neigen dazu, uns auf Eindrücke zu verlassen, statt etwas jedes Mal von Neuem eingehend zu betrachten. Diese Angewohnheit spart uns viel Zeit und Mühe, enthält uns aber differenzierte Informationen über die Welt und die Menschen um uns herum vor.

Ich habe einmal an einer geführten Meditation teilgenommen, die verdeutlichen sollte, warum die Strategie, die wir uns angeeignet haben, für unser Überleben so wichtig ist. Wir hatten es uns bequem gemacht und versuchten, an nichts Bestimmtes zu denken, während unser Lehrer uns bat, ausschließlich auf unseren Atem zu lauschen. Nach ein paar Minuten bat er uns, auf nichts als die Geräusche im Raum zu lauschen. Danach waren die Geräusche außerhalb des Raums dran und anschließend die noch entfernteren, etwa die von der Schnellstraße ein paar Blocks weiter. Nach der Meditation tauschten wir uns über unsere Erfahrungen aus und versuchten, uns vorzustellen, wie es wäre, all diese Geräusche auf einmal wahrzunehmen, die ganze Zeit. Das wäre die Hölle, oder?

Stellen Sie sich vor, Sie wären sich die ganze Zeit bewusst, wie sich der Stoff Ihrer Kleidung auf der Haut anfühlt. Stellen Sie sich vor, Sie wären sich Ihres Blinzelns bewusst, wie sich die Härchen auf Ihrem Körper aufstellen, wieder legen und über die Haut streichen, *die ganze Zeit!* Ich flippe bei dieser Vorstellung immer vollkommen aus und bin meinem Gehirn unendlich dankbar, dass es mich vor dieser Reizüberflutung schützt.

Mein Gehirn ermöglicht es mir, mich darauf zu konzentrieren, worauf ich mich konzentrieren will. Das ist toll! Manchmal allerdings bedeutet dies, dass ich Einzelheiten verpasse, die mich die Welt realistischer sehen ließen. Und je realistischer ich die Welt sehen kann, desto effektiver kann ich mich in ihr bewegen. Wenn ich mal wieder das Gefühl habe, nur gegen Mauern zu rennen, denke ich oft, ich habe möglicherweise etwas übersehen – ich sehe die Welt nicht, wie sie wirklich ist. So jedenfalls ging es mir lange Zeit in meiner Ehe, aber auch in anderen Beziehungen. Vielleicht kommt Ihnen das ja bekannt vor.

Ungefähr die letzten fünf Jahre meiner Ehe hatte ich das Gefühl, ausgeliefert zu sein, als säße ich auf einem mechanischen Bullen und versuchte verzweifelt, nicht runterzufallen. Ich sah mich als jemanden, die sich nicht verändert hatte, und empfand die Veränderungen meines Ehemanns als Verrat. Wenn *ich* mich also nicht verändert hatte und wir uns jetzt nicht mehr verstanden, musste alles *seine* Schuld sein, oder etwa nicht?

Als ich die Situation letztlich genauer betrachtete, wurde mir klar, dass sich unser jetziges Leben ganz erheblich von dem unterschied, das wir noch ein paar Jahre zuvor geführt hatten. Ich wollte, dass unsere Beziehung so blieb, wie sie war – aber wir waren längst nicht mehr dieselben. Das musste Adrian natürlich ungeheuer frustrieren, führte zu Streitigkeiten und ließ uns unterschiedliche Strategien entwickeln, mit dem Drama umzugehen: Er trank, ich wurde zur Workaholikerin. Das wiederum vermehrte unsere Probleme, bis ich schließlich explodierte.

Nach Jahren schmerzhaften Unfriedens fasste ich einen

Entschluss: Wenn ich mein Gleichgewicht wiederfinden wollte, musste ich endlich aus diesem verdammten Teufelskreis raus!

Es dauerte sehr lange, bis ich mich der Situation wirklich stellen und alles, was damit zusammenhing, genau betrachten konnte. Manchmal denke ich, dass ich mein Leben lang damit beschäftigt sein werde, alle Fäden zu entwirren.

Alles verändert sich, immer. Jedes bekannte Element (und auch die unbekannten) sind in unablässiger Veränderung begriffen. Jede menschliche Zelle, jeder Berg auf Erden. Das lernen wir zwar schon in der Grundschule; dennoch sind wir seltsamerweise nicht bereit, dieses Wissen auf unser Leben anzuwenden. Ich vermute, aus Angst – wie das oft bei problematischen Verhaltensweisen der Fall ist.

Und damit nicht genug: Wir werfen uns die Veränderung gegenseitig vor, als sei sie etwas Abscheuliches, Unverzeihliches. Tatsächlich aber ist sie unvermeidlich und an sich weder gut noch schlecht, eher ein wenig von beidem.

Ich versuchte jahrelang, mit dem »alten« Adrian beziehungsweise meiner Vorstellung von ihm zu interagieren statt mit dem echten. Selbst als ich seine Veränderung akzeptiert hatte, gab ich mir immer noch alle Mühe, ihn »zurückzuverändern«, was uns beiden viel Leid zufügte.

All dies passiert auch in Freundschaften. Allerdings wird es dort selten offen ausgefochten, sondern heimlich, hinter dem Rücken des anderen ausgetragen. Wir alle kennen den

Unterschied zwischen ein bisschen Klatsch und Tratsch und einem regelrechten Zickenkrieg. Bei Letzterem – das leider so oft der Fall ist –, sollte man sich überlegen, ob es sich noch um eine Freundschaft handelt. Vielleicht stellt sich heraus, dass man sich eigentlich nie besonders mochte oder nicht mehr das Beste im anderen zum Vorschein bringt. Jemand, der mit 26 ein Kumpel zum Pferdestehlen war, muss mit 36 nicht mehr unbedingt die größte emotionale Stütze sein. Nicht weil einer der Beteiligten ein schlechter Mensch wäre, sondern weil beide sich verändert haben. Das ist nicht nur völlig in Ordnung, das ist sogar unvermeidlich. Dann kann es an der Zeit sein, von diesem bockenden Pferd von einer Freundschaft abzuspringen – mit Respekt, Liebe und allen guten Wünschen für den ehemaligen Freund, ob dieser sie nun akzeptiert oder nicht.

Buddha erkannte, dass man nicht auf Sicherheit, Verlässlichkeit und Beständigkeit hoffen darf, geschweige denn, dass wir ein Anrecht darauf hätten. Dies widerspräche der Realität des Lebens, das nun einmal unsicher, unzuverlässig und wechselhaft ist. Und das wissen wir. Wenn wir beispielsweise erfahren, dass jemand plötzlich gestorben ist, denken wir häufig: »Das zeigt wieder einmal, dass nichts sicher ist.« Trotzdem verhalten wir uns weiter so, als folge das Leben festen Regeln.

Wenn wir andere zunächst einmal als »leer« ansehen, als wüssten wir nicht das Geringste über sie (im Grunde stimmt das auch, denn sie haben sich verändert, seit wir sie das letzte Mal gesehen haben), können wir ihnen völlig im Hier und Jetzt begegnen, so, wie sie wirklich sind.

Das fällt uns bei jemandem, den wir sehr gut zu kennen

glauben, natürlich schwer, insbesondere bei jemandem, der uns, wie wir glauben, etwas schuldig ist oder uns verletzt hat. Wir wollen denjenigen nicht aus der Verantwortung lassen, doch in Wahrheit tragen wir selbst die Verantwortung. Wir, die wir an der Vergangenheit festhalten und Wiedergutmachung fordern, wir, die immer wieder vom anderen erwarten, dass er uns glücklich(er) macht – allein wir haben es in der Hand, uns selbst zu retten.

Wenn wir einem ehemaligen Liebhaber, einem Freund oder Familienmitglied mit der Vorstellung der Leere begegnen – als wüssten wir nicht, wer sie sind oder was sie denken –, können wir demjenigen wirklich zuhören und etwas über ihn erfahren. Sogar durch das kleinste Stückchen neuer Information kann in einer schwierigen Beziehung im positiven Sinne wieder alles offen sein, und am Ende des Tunnels unseres eigenen Leidens taucht ein Licht auf. In meinem Fall hatte ich mich erfolgreich davon überzeugt, dass Adrian mich hasste, was unglaublich wehtat. Diese Vorstellung verschloss mir Augen und Ohren.

Als es mir schließlich gelang, Adrian wirklich zuzuhören und wahrzunehmen, verstand ich, dass er mich überhaupt nicht hasste. Nachdem wir uns getrennt und die Streitereien beigelegt hatten, konnten wir uns auch wieder vernünftig benehmen. Zu meiner großen Erleichterung stellte ich fest, dass wir Freunde bleiben und unsere Kinder in gegenseitigem Respekt großziehen konnten. Das war zwar nicht der Idealfall – der hätte für mich darin bestanden, dass Adrian wieder mit mir glücklich wurde –, aber auch nicht der Worst Case. Es war zumindest eine recht positive Entwicklung.

Voreingenommenheit

Die Angewohnheit, alles mit Etiketten zu versehen, birgt ein weiteres großes Problem: unsere Voreingenommenheit. In der frühen Kindheit nehmen wir alles noch ganz genau unter die Lupe, doch damit hören wir später auf. Stattdessen übertragen wir Informationen von Bekanntem auf Unbekanntes, die dem ähneln. Wir aktivieren ein Vorurteil – wie bei dem Fehler in dem Satz von vorhin. Wir dachten, wir wüssten, wie der Satz lautet, und achteten deshalb nicht mehr auf jedes einzelne Wort.

Diese nur allzu menschliche Neigung wäre wahrscheinlich weniger problematisch, wenn wir alle dieselben Vorurteile hätten, doch das ist nicht der Fall. Zwei Menschen betrachten nie etwas auf exakt dieselbe Art und Weise. Was wir »sehen«, wird von früheren Erfahrungen und Anerzogenem beeinflusst.

Das beste Beispiel dafür ist die Debatte um *Vegemite*. Die Australier lieben den zähflüssigen, salzigen schwarzen Brotaufstrich. Er gehört zu den ersten Nahrungsmitteln, mit denen wir unsere Kinder füttern, und ist das zuverlässigste Trost-Food für verkaterte Erwachsene. Bekommt der Australier in asiatischen Hotels kein *Vegemite* am Frühstücksbüfett, droht Meuterei. Kriegen wir Besuch aus einem anderen Land, stopfen wir ihn erst einmal mit *Vegemite* voll. Wir tun das, weil es einfach zu komisch ist, wenn der andere dann würgt, schreit, ins Bad rennt, sich den Mund mit Wasser ausspült und für den Rest seines Lebens allen erzählt, wie widerlich das Zeug ist. Wir sind *Vegemite* gegenüber voreingenommen. Wir sind darauf konditioniert, es großartig zu finden.

Auf ganz ähnliche Weise sind wir alle darauf konditioniert, bestimmte Eigenschaften bei anderen wertzuschätzen oder abzulehnen. In Beziehungen können diese Vorurteile Spannung hinsichtlich dessen erzeugen, was für vernünftig oder unvernünftig gehalten wird. Ist ein Partner so erzogen worden, jeden Cent zu ehren, hat man dem anderen vielleicht beigebracht, dass das letzte Hemd keine Taschen hat. Und so können Voreingenommenheit und Vorurteile auf vielerlei Weise an Beziehungen nagen. Jeder, der schon einmal mit jemandem zusammen war, der früher betrogen wurde, weiß, wie das das Vertrauensverhältnis in einer Beziehung beeinflussen kann. Derjenige sieht die Beziehung dann nicht frisch und unvoreingenommen, sondern überträgt vergangene Erfahrungen auf die neue Situation. Aus seiner Sicht ist es eine ganze normale Vorsichtsmaßnahme, die Anrufliste auf dem Smartphone des Partners durchzugehen, während dieser unter der Dusche steht. Er verteidigt sein Verhalten vielleicht sogar: »Warum auch nicht? Warum sollte es ihn stören, wenn er nichts zu verbergen hat?« Nimmt der Partner an einem solchen Verhalten Anstoß, wird dies möglicherweise als irrationale Überreaktion abgetan.

Die Elternschaft scheint eine ganze Flut an Vorurteilen zum Vorschein zu bringen, die in vielen Paaren bislang nur verborgen schlummerten. Manche Frauen halten ihre Partner plötzlich für unfähig, die einfachsten Aufgaben zu erledigen. »Nutzlos« ist beispielsweise ein Wort, das ich in diesem Zusammenhang immer wieder höre. Umgekehrt scheinen manche Männer Schwierigkeiten zu haben, ihre Frauen noch als sexuelle Wesen zu betrachten, nachdem sie Mutter geworden sind. Den Beobachtungen, die wir als Kinder bei unseren eigenen Eltern gemacht haben, verdanken wir eine voreingenommene Perspektive hinsichtlich dessen, wie »Eltern sein sollen« – wie *wir* als Eltern sein sollen. In meinem Fall nahmen meine Eltern kein Blatt vor den Mund, wenn es darum ging zu beurteilen, ob andere »gute« oder »schlechte« Eltern sind. Dieses Vorurteil habe ich erst kürzlich wieder sehr schmerzhaft zu spüren bekommen, als meine Kinder mir erzählten, ich hätte sie ohne Pausenbrot in die Schule geschickt. Dankenswerterweise war der Lehrer eingesprungen, sodass sie nicht verhungern mussten, doch ich schämte mich natürlich maßlos. Ich hatte sofort den Blick meiner Eltern vor Augen, wenn ihnen so etwas damals zu Ohren gekommen war.

In Wirklichkeit bin ich natürlich nur eine erschöpfte alleinerziehende Mutter mit mehreren Jobs, der ebenso wie anderen Missgeschicke unterlaufen. Das ist ganz normal – doch dank meiner Voreingenommenheit habe ich es gleich mit den Etiketten »absolute Katastrophe« und »ungeheure Schmach und Schande« versehen. Ich habe mich den ganzen Nachmittag lang fertiggemacht und abends unter der Dusche sogar Tränen vergossen, mit anderen Worten stundenlang an einem Problem gelitten, das um 9 Uhr 15 an diesem Morgen bereits behoben war. Schön blöd.

Wir nehmen ein Vorurteil und entscheiden uns dann für eine Definition. Und daran halten wir uns zu 100 Prozent. Wir glauben an die Gültigkeit dieser Definition und nennen sie wahr. Das aber ist Buddha zufolge nur eine Täuschung. Die Menschen werden mit anderen Menschen und ihren Wahrheiten konfrontiert; wir können uns noch nicht einmal auf eine Wahrheit einigen, geschweige denn auf eine Art, damit umzugehen – und das verursacht Leiden.

Aus dieser Ausgangssituation heraus entstehen beispielsweise auch diese frustrierenden einseitigen Streitereien, bei denen ein Partner beinahe Amok läuft und der andere nicht die leiseste Ahnung hat, was überhaupt los ist! Es ist ungeheuer schwierig, eine befriedigende Lösung für einen Streit zu finden, den nur einer von zwei Beteiligten nachvollziehen kann. Den Frust aber spüren beide; plötzlich geht es hin und her, und bevor man sich versieht, ist tatsächlich ein handfester Streit um alles Mögliche entstanden. Leiden, Leiden und nochmals Leiden.

Buddha wollte, dass wir diese Täuschungen durchschauen und nach Leere streben – dass wir allem und jedem unvoreingenommen begegnen. Und zwar immer wieder aufs Neue.

Der berühmte Gelehrte und Yogi Khenpo Tsultrim Gyamtso Rinpoche hat dies folgendermaßen formuliert:

> *»Erkenne die wahre Natur und*
> *lass sie dann beruhigt gehen.«*

Das scheint mir ein sehr guter Rat zu sein. Ich hatte so lange Angst davor, wie mein Leben aussehen würde, wenn ich die wahre Natur meiner Beziehung zu Adrian akzeptierte. Doch als ich mir ein Herz gefasst und meine Augen geöffnet hatte, war ein Großteil der Angst auf einmal verschwunden. Es ist selten so schlimm, wie wir glauben.

Je ruhiger und entspannter wir sind, desto geschickter ist unser Umgang mit der Welt um uns herum. Als ich die wahre Natur meiner damaligen Beziehung zu Adrian erkannte und sie beruhigt gehen ließ, erkannte ich auch, dass sie immer noch viel Wertvolles besaß, und so konnten wir mit der Arbeit an unserer Freundschaft beginnen.

Die größte aller Täuschungen
(Achtung, jetzt kommt's!)

Noch einmal zurück zur Vorstellung des Selbst, des »Ich«. Buddha zufolge ist dies – der Glaube, ein vollkommen unabhängiges Wesen zu sein – die größte aller Täuschungen.

Für eine Welle im Ozean ist die Erleuchtung der Augenblick, in dem ihr klar wird, dass sie Wasser ist.
THICH NHAT HANH

Er will, dass wir idealerweise jedem Lebewesen auf diesem Planeten dieselben Gefühle entgegenbringen, auch uns selbst. Dieser Gedanke war auch Jesus nicht fremd; er formulierte ihn so: »Liebe deinen Nächsten wie dich selbst.«

Sowohl Buddha als auch Jesus stellten fest, dass der Mensch dazu neigt, sich als Zentrum des Universums zu sehen und andere stufenweise in einem immer größer werdenden Bedeutungsorbit um diesen Mittelpunkt herum anzuordnen. Wenn es also darum geht, wen wir lieben und beschützen wollen, heißt es: uns selbst, den engeren Familienkreis, den weiteren Familienkreis, unsere Nachbarn, unsere jeweilige Klasse oder Gesellschaftsschicht, unsere Landsleute, unsere Ethnie und so weiter.

Weder der eine noch der andere Lehrer hielt es für klug, uns selbst als Teil solcher exklusiver Gruppen zu sehen. Sie erachteten dies als grundlegendes Missverständnis der Realität, das zu Egoismus und Gier führt. Wenn wir um uns herum Grenzen ziehen, halten wir diejenigen außerhalb dieser Grenzen automatisch für weniger wichtig als diejenigen innerhalb der Grenzen. Schlimmstenfalls halten wir die Außenseiter für eine Bedrohung. Wir erachten ihr Glück und ihre Sicherheit für weniger wichtig als Glück und Sicherheit derjenigen in unserem unmittelbaren Umfeld. Ich kann meinem Nachbarn eins auf die Nase geben, weil er in meiner Auffahrt geparkt hat, aber Seite an Seite mit ihm gegen Flüchtlinge in unserem Viertel demonstrieren. (Ich persönlich würde keins von beidem tun, aber Sie wissen, was ich meine.) Meine Loyalität hängt von der jeweiligen Platzierung im Bedeutungsorbit ab. Hin und wieder wünsche ich mir eine Invasion von Außerirdischen, damit die Menschheit gegen einen gemeinsamen Feind zusammengeschweißt wird, doch wenn ich eins aus *Game of Thrones* gelernt habe, dann das: Der Mensch lässt von seinen kleinen Egoschlachten nicht ab, wie groß die existenzielle Krise auch sein mag.

Damit die Bedingungen innerhalb der Grenzen vorhersagbar bleiben, schrecken wir noch nicht einmal davor zurück, das Leben der Außenseiter aufs Spiel zu setzen. Das Leben direkt um uns herum mag zwar nicht vollkommen sein, ist aber zumindest verlässlich. Warum also Veränderungen riskieren, indem wir andere in diesen inneren Kreis aufnehmen? Auch wenn sie da draußen sterben – wir müssen uns selbst schützen, stimmt's? Das Problem dabei ist nur, dass die Außenseiter mit uns identisch sind. Sie sind wir. Wir mögen Wellen sein, aber wir sind auch Wasser.

Hier nun schließt sich der Kreis, und wir sprechen wieder über Trennungen. Sich mit jemandem in einer partnerschaftlichen Beziehung zusammenzutun, ist die ultimative Bildung einer exklusiven Gruppe, und weil wir nun einmal Menschen sind, treiben wir es gleich wieder zu weit. Wir sehen diese Gruppe als unabhängig von allem anderen Existierenden an. Wir verlieren den Kontakt zu unseren Freunden, wir besuchen Eltern oder Geschwister weniger häufig und verbringen mehr und mehr Zeit in der Gesellschaft dieser einen, so überaus wichtigen Person. In dieser Phase bauen wir Vertrauen und Verbundenheit in der Partnerschaft auf, teilen Geheimnisse, planen die Erfüllung unserer Träume und schließen das »Wir gegen den Rest der Welt«-Bündnis, das uns Sicherheit verleiht. Wir ziehen eine Grenze um uns herum.

Und mit der Grenze kommt der Druck. Wir nehmen unseren Partner in die Verantwortung – in die Verantwortung, uns glücklich zu machen und für unser Selbstwertgefühl und unseren Erfolg zu sorgen. Nun kommen auch die Vorurteile wieder ins Spiel: Wir erwarten, dass sich der Partner auf eine bestimmte Art verhält, so, wie »man« als Verliebter eben handelt. Wir projizieren. Wir sehen, was wir sehen wollen, und ignorieren, was uns nicht gefällt, oder beschließen, Letzteres zu ändern.

Wir erwarten von unserem Partner, dass er uns alles gibt, was wir wollen und brauchen, und lasten ihm selbst die kleinste Unsicherheit hinsichtlich unseres Selbstvertrauens an. Wir erwarten von ihm, dass er uns »repariert«, wenn wir »kaputt« sind. Weiß er nicht, was er tun soll, beschuldigen wir ihn, nicht genug zu lieben oder sich verändert zu haben. Beim gemeinsamen Älterwerden stellt sich heraus, dass nicht alle Träume in Erfüllung gegangen sind, und wir werfen dem anderen vor, er habe sich nicht genug angestrengt oder sei keine Stütze gewesen. Die unerfüllten Träume nagen an uns, und möglicherweise suchen wir uns geheime Ventile, um sie zu kompensieren.

Von unserem Partner erwarten wir mehr als von jedem anderen Menschen auf Erden. Scheitert er an unseren Erwartungen, verfluchen wir ihn.

Nachdem ich eine Zeit lang unglücklich gewesen war, änderte sich meine Meinung über Adrian von »er ist der Beste« direkt zu »er ist der Schlimmste«. Da ich so schnell wie möglich wieder glücklich werden wollte, warf ich ihn hinaus. Das war etwa drei Jahre vor unserer letztlich endgültigen Trennung und nahm einen gänzlich unerwarteten Verlauf.

Ich war zu einer Trennung noch nicht wirklich bereit. Eigentlich wollte ich Adrian nur etwas Angst einjagen, ihn manipulieren und zu dem Menschen ummodeln, den ich haben wollte. In meinen Augen verhielt er sich als unglücklich mit mir verheirateter Mann wie ein Arschloch. Und dabei konnte er doch vollkommen (und vollkommen glücklich) sein, wenn er nur wollte! Ich dachte, mit der richtigen Motivation – der Angst davor, seine Familie und unser gemeinsam aufgebautes Leben zu verlieren – würde er schon wieder zur Vernunft kommen.

Ganz aufgeben wollte ich die Kontrolle über ihn aber natürlich auch nicht, und so mietete ich ihm eine Wohnung in der Nähe. Mietvertrag und Lastschrifteinzug liefen auf meinen Namen. Ich gab ihm zwölf Monate, um alles wieder in Ordnung zu bringen, womit ich meinte, um wieder nett zu mir zu sein (er hatte ohnehin nicht das Gefühl, etwas in Ordnung bringen zu müssen). Danach konnte er entweder zu uns zurückziehen oder seiner Wege gehen. Ich glaubte nicht eine Sekunde, er würde ein Leben ohne mich auf die Reihe bekommen, und ließ ihn das auch wissen.

Das war ausgesprochen manipulativ von mir. Buddhisten sprechen auch von klammerndem, gierigem und anhaftendem Verhalten – dazu im nächsten Kapitel mehr. Ich klammerte mich an unsere alte Beziehung, die es im Grunde schon gar nicht mehr gab. Ich war meilenweit davon entfernt, der Situation mit einem offenen, leeren Geist zu begegnen.

In ihrem Essay »Dependent Arising and Emptiness« schreibt die australische Nonne Robina Courtin:

Eine Möglichkeit zu beschreiben, was Buddha gemeint hat, ist, dass wir zu allem einen Standpunkt vertreten, eine Meinung, eine Haltung, eine Interpretation haben. Alles in unserem Geist ist ein Standpunkt, eine Interpretation der Menschen und Dinge

und Ereignisse und des Ich, die unser Leben bevöl-
kern. Alles ist Ansichtssache. Ausdruck dessen, wie
wir die Dinge sehen.

Ich hatte sehr ausgeprägte Ansichten, Meinungen und Vorurteile hinsichtlich unserer Beziehung, die sich von Adrians
zu allem Überfluss auch noch signifikant unterschieden.
Vielleicht hätten wir bessere Chancen gehabt, wenn ich
damals schon in der Lage gewesen wäre, dies so klar und
deutlich zu verstehen und auszudrücken. Stattdessen
schickte ich ihm boshafte SMS und drohte ihm.

Ich konnte unsere Beziehung nicht so sehen, wie sie
wirklich war. Ich klammerte mich an ein Bild von Adrian,
das ich im Kopf hatte, und sah ihn deshalb gar nicht. Ich
steckte im Sumpf meiner eigenen Täuschungen und Irr-
tümer über unsere vergangene Beziehung und unser früheres Selbst fest. In meiner Erinnerung war unsere Beziehung
perfekt gewesen, und ich wollte dahin zurück, woran ich
mich fälschlicherweise erinnerte. Mit etwas anderem wollte
ich mich keinesfalls zufriedengeben.

Wie Ihnen wahrscheinlich schon aufgefallen ist, war
ich damals ziemlich hysterisch. Ich vergaß, mich auf das
Dharma zu konzentrieren. Als es mir dann doch wieder
einfiel, war mir klar, welche Botschaft es für mich bereithielt: Ich machte alles falsch. Doch dieser Wahrheit konnte
ich damals beim besten Willen nicht ins Auge blicken.

Wenn ich mir Buddhas Definition von Leere noch einmal genauer angesehen hätte, hätte ich eingesehen, dass
Adrian mich durch seine Veränderung gar nicht verletzte
und er sich nicht veränderte, um mir wehzutun. Ich tat mir

selbst weh, indem ich an etwas festhielt, das längst nicht mehr existierte.

Nach Ablauf der zwölf Monate zogen Adrian und ich wieder zusammen. Wir machten eine intensive Paartherapie, doch ich war immer noch nicht bereit, mich von meinen Täuschungen und voreingenommenen Ansichten zu verabschieden. Ich muss dazu sagen, dass mir unser wunderbarer Therapeut James von Anfang an mitgeteilt hat, dass ich mich seiner Meinung nach in der Zukunft unserer Beziehung täuschte – was übrigens auch meine Mutter, der Mann, der unseren Rasen gemäht hat, und mehrere Hellseher sagten. Ich aber war entschlossen, genau so weiterzumachen, nicht zuletzt deswegen, weil meine Eltern noch zusammen sind und ich große Vorurteile habe, wenn es darum geht, eine Ehe »aufzugeben«.

Die Paartherapie führte mich jedoch zum Buddhismus zurück, dessen Lehren sich in vielerlei Hinsicht mit den Erkenntnissen der modernen Psychologie überschneiden. Während unser Therapeut mit uns an Themen wie Ego und Erwartungen arbeitete, staubte ich meine alten Bücher ab und arbeitete parallel wieder an mir selbst. Das »rettete« unsere Ehe zwar nicht, legte mit Sicherheit aber den Grundstein für eine ganz andere Trennung.

Durch die Konzentration auf das Konzept der Leere konnte ich Adrian so sehen, wie er jetzt war, mit zunehmender Klarheit und ohne zu glauben, er müsse immer noch derselbe Mann wie früher sein. Manchmal war ich deswegen regelrecht schockiert – als würde man in einen Spiegel blicken und ein fremdes Gesicht sehen. Denn so gut glaubte ich ihn zu kennen: wie mich selbst. Und so gut glaubte ich auch seinen Geist zu kennen. Allerdings bewegten wir schon seit einigen Jahren immer mehr voneinander weg, und er erschien mir immer unberechenbarer. Dafür machte ich natürlich auch ihn verantwortlich.

»Warum bist du so?«, schrie ich ihn wütend an.

»Wie bin ich denn?«, schrie er zurück.

Eigentlich meinte ich: Warum tust du nicht, was ich erwartet hätte?

Und er meinte: Weil ich der bin, der ich jetzt bin.

Durch das buddhistische Konzept der Leere konnte ich ohne Erwartungen auf Adrian zugehen, ohne eine bestimmte Vorstellung davon, wer er war (oder wer ich *dachte*, dass er war), und ihn so akzeptieren, wie er tatsächlich war. Das wiederum konnte natürlich auch bedeuten, dass ich diesen »neuen« Adrian vielleicht gar nicht liebte – was ich ebenfalls akzeptieren musste und konnte.

Darauf möchte ich noch etwas näher eingehen, denn durch diese Erkenntnis gelang es mir schließlich, den Trennungsschmerz zu überwinden, und vielleicht ist sie auch für Sie der entscheidende Ansatzpunkt.

Ich arbeitete ungeheuer hart daran, Adrian so zu sehen, wie er tatsächlich war. Haben Sie auch schon einmal ein Foto oder ein Video von sich gesehen, bei dem Sie ausgeflippt sind, weil Sie plötzlich älter, grauhaariger, dicker oder schütterer aussahen? Wir alle haben ein Bild von uns im Kopf und werden hin und wieder mit der schmerzlichen Realität konfrontiert, dass dieses Bild längst nicht mehr aktuell ist. Die Person gibt es nicht mehr. Ebenso nehmen wir auch die Veränderungen in unserem Partner nicht wahr, obwohl wir ihn jeden Tag vor Augen haben.

Mein Dad schwärmt immer noch von den »süßen Beinchen« meiner Mutter. Sie hat nachgerechnet: Das Bild, das mein Dad im Kopf hat, muss um die 45 Jahre alt sein. Ein wunderbares Beispiel dafür, dass Täuschungen in Beziehungen durchaus auch positive Auswirkungen haben können!

In meinem Fall allerdings musste ich akzeptieren, dass Adrian inzwischen nicht nur ein anderer war, sondern auch jemand, mit dem ich nicht mehr kompatibel war. Ich fragte mich, ob ich mich in Adrian verlieben würde, wenn ich ihm heute zum ersten Mal begegnete. Die Antwort darauf lautete aus vielerlei Gründen Nein. Ich warf ihm immer wieder vor, nicht mehr der Mann zu sein, den ich geheiratet hatte, als sei es seine Aufgabe, 20 Jahre lang die Zeit anzuhalten. Wenn wir uns heute erstmals begegnen würden, wären wir wahrscheinlich kaum imstande, ein Gespräch zu führen, geschweige denn, ein Rendezvous zu haben.

Diese Inkompatibilität machte mich unglaublich wütend. Wie hatte das geschehen können? Konnte ich sie umkehren? Konnte Adrian sie umkehren? Warum hatte er sich entschieden, jemand zu sein, den ich nicht liebte? Dass ich diesen Menschen nicht mehr liebte, machte mich ebenfalls sehr wütend, doch als ich meine Erwartungen schließlich über Bord warf, wurde mir bewusst, dass ich nicht den geringsten Grund dazu hatte. Ich bin ja auch nicht sauer, wenn ich einen völlig Fremden treffe und ihn nicht liebe! Mit dem Konzept der Leere konnte ich meine Wut letzten Endes überwinden.

Das war der zweite Teil meiner persönlichen Genesung: zu respektieren und zu akzeptieren, wer Adrian jetzt ist, auch wenn ich nicht mehr in ihn verliebt bin.

Ich muss Adrian respektieren, weil unsere Kinder sich darauf verlassen. Würde ich ohne sie derart hart an meiner persönlichen Entwicklung arbeiten? Wahrscheinlich nicht. Ich würde den Trennungsschmerz vermutlich zu überwinden versuchen, indem ich Adrian nie wieder sah. Doch das ist für mich keine Option, und ehrlich gesagt wäre es auch ein Verlust. Je länger wir getrennt sind, desto mehr kann ich Adrian wieder mögen. Ich muss mich sogar höllisch vorsehen, mir nicht einzureden, ihn wieder zu lieben. Hin und wieder sehe ich meine alten Täuschungen in ihm, und es fällt mir sehr schwer, ihnen nicht erneut zu erliegen. Zum Glück kann ich dann nach Hause gehen und mich buddhistischen Strategien widmen, die mich ins Hier und Jetzt zurückführen.

Statt mich vor Kummer zu verzehren und mich in Erinnerungen zu verlieren, versuche ich immer wieder, Adrian und die Situation so zu sehen, wie sie wirklich waren. Das ist ungeheuer hilfreich! Ich sage mir häufig: »Es ist alles in Ordnung. Ich will mein Bett, mein Konto, mein Auto und mein Leben nicht wirklich mit diesem Menschen teilen. Er ist kein schlechter Mensch, aber ich will ihn auch nicht täglich sehen. Wir sind uns in einigen wichtigen Punkten nicht einig, und da will ich keine Kompromisse machen. Ich will meine Unabhängigkeit.«

Adrian ist einfach nicht mehr der, den ich vor 20 Jahren getroffen und in den ich mich damals verliebt habe. Auch ich habe mich verändert. Keiner bleibt, wie er ist – denn wir alle sind immer noch im Entstehen begriffen.

Buddha hat erkannt, dass sich alles auf der Welt – jedes Geschöpf, jedes Element – ständig verändert. Die Buddhisten nennen dies Unbeständigkeit; wir müssen nur versuchen, uns etwas vorzustellen, das sich nicht verändert, und erkennen ebenfalls, dass es das nicht gibt. Selbst das härteste Gestein wird unablässig von Wind und Regen abgetragen. Auf ganz ähnliche Weise verändern unsere Erfahrungen unser Wesen. Wir können diesen Prozess bis zu einem gewissen Grade kontrollieren – etwa durch emotionale Disziplin, die auch Buddha befürwortete –, doch selbst dann müssen wir akzeptieren, dass wir nicht alles beeinflussen können. Unsere Umgebung und die Menschen, die wir lieben, verändern sich. Unsere kontinuierliche Veränderung, unsere Evolution oder unser *Entstehen* hängen von den Elementen und den Ereignissen um uns herum ab. Und die wiederum von den Elementen und Ereignissen in ihrer Umgebung. Denn alles ist mit allem verbunden. Jedes noch so kleine Teilchen beeinflusst alle anderen Teile.

Wir alle *entstehen bedingt*. Wir entwickeln uns ständig, indem wir auf jeden und alles reagieren. Puh!

Jetzt habe ich Sie wirklich ins Nichtschwimmerbecken der Philosophie geschubst, aber lassen Sie sich davon nicht abschrecken! Wäre der Buddhismus eine Step-Aerobic-Stunde, wären Bedingtes Entstehen, Unbeständigkeit und Leere ein diagonaler K-Step mit Repeater und Reverse Turn in den Helikopter.

> UNBESTÄNDIGKEIT
> Jeder und alles auf der Welt sind ständiger Veränderung unterworfen.

Den müssen Sie nicht allzu oft machen, und dazwischen gibt es jede Menge Grundschritte und Variationen davon. Also keine Angst!

Bedingtes Entstehen, Unbeständigkeit und Leere sind Kernkonzepte der buddhistischen Philosophie. Alles bezieht sich auf sie – und Sie werden rasch feststellen, dass sich im Buddhismus immer alles auf alles andere bezieht.

> **BEDINGTES ENTSTEHEN**
> Wir entwickeln und verändern uns stets, und unsere Entwicklung wird von den Bedingungen um uns herum geprägt.

Es heißt, Leere und Unbeständigkeit sind die beiden Seiten derselben Medaille. Alles befindet sich in ständiger Veränderung, ist noch im Entstehen und nicht auf ewig in ein und derselben Form festgeschrieben. So können wir die Dinge mit freiem Blick und mit Leere betrachten. Dann sind wir auch nicht mehr schockiert oder wütend darüber, wenn etwas nicht mehr so ist, wie es war, und können klügere Entscheidungen treffen.

Wir halten Kinder dazu an, etwas immer wieder zu versuchen, weil wir wissen, wie sehr sich unsere Gefühle und Einstellungen seit unserer Kindheit verändert haben. Doch aus irgendeinem Grund glauben wir, unsere Einstellungen als Erwachsene sind grundsätzlich korrekt und in Stein gemeißelt. Wenn wir unsere Meinung über etwas ändern, geben wir das ungern zu, weil es uns unangenehm ist, als gäben wir zu – Gott behüte! –, *Unrecht* zu haben. Wer das Prinzip der Unbeständigkeit verstanden hat, ändert seine Meinung viel leichter, weil er weiß, dass alles im Fluss ist. Es ist vielmehr albern, seine Meinung *nicht* zu ändern.

Nachdem ich mich über Bücher, YouTube-Videos und Podcasts zum Thema »Leere und Unbeständigkeit« informiert hatte, konnte ich einen völlig neuen Blick auf mein

Leben werfen. Ich versuchte, die Wahrheit über meine Ehe herauszufinden, ohne dass meine Wünsche und Vorstellungen darüber mit in meine Gedanken einflossen. Ich wollte sie so sehen, wie sie wirklich war, mithilfe der Leere und ohne Erwartungen.

Ich fand zwei nette Menschen, die sich beide sehr große Mühe gaben und einander dennoch in den Wahnsinn trieben. Sie hatten beide wahrlich eine Pause verdient. Wenn wir uns mithilfe der Lehren Buddhas zu Leere und Unbeständigkeit neu orientieren, können wir die problematischen Etiketten wegwerfen, mit denen wir sonst so gern Menschen belegen.

Ich hatte mich von einer Last befreit – von der Last meiner Meinung über Adrian und unsere Ehe. Mein innerer Monolog voller Traurigkeit, Hass und Verbitterung hatte mich an einem dunklen, elenden Ort gefangen gehalten, doch nun war mein Kopf plötzlich voller positiver, praktischer und anspornender Worte und Gedanken. Plötzlich erkannte ich auch die positiven Aspekte unserer Trennung, und zum ersten Mal seit Ewigkeiten war ich wieder neugierig und gespannt, was die Zukunft wohl für mich bereithielt.

Zu Beginn Ihrer Beschäftigung mit der Leere müssen Sie sehr vorsichtig sein. Der große buddhistische Lehrer Nagarjuna sagte einmal: »Missverstandene Leere ist, wie eine Giftschlange am falschen Ende in die Hand zu nehmen.« Ich erinnere mich noch an meine ersten zaghaften

Schritte ins Reich der buddhistischen Literatur, die im finsteren Mittelalter, also in den internetfreien frühen Neunzigerjahren stattfanden (zumindest für *mich* internetfrei). Die ersten beiden Prinzipien, auf die ich stieß, waren Anhaften und Leere. Nachdem ich ein paar Seiten überflogen hatte, dachte ich, im Buddhismus ginge es darum, niemanden zu lieben und zu glauben, dass nichts von Bedeutung sei. Da hatte ich die Schlange tatsächlich am falschen Ende gepackt! Zum Glück bin ich drangeblieben (nicht an der Schlange, an der Literatur), denn das buddhistische Konzept der Leere ist mitnichten die nihilistische Sackgasse, die es auf den ersten Blick zu sein scheint. Im Gegenteil: Es kann eine völlig neue Lebensperspektive eröffnen.

Es ist ungeheuer wichtig, dass wir unsere Einstellungen zu unseren Beziehungen regelmäßig überdenken. Anzunehmen, dass man jemanden liebt, nur weil man ihn vor langer Zeit geliebt hat, kann sich als problematisch erweisen. Andererseits kann auch die Entscheidung, kein gutes Haar an einem ehemaligen Partner zu lassen, viel Leid mit sich bringen. Vielleicht ist Ihre Haltung zum Single- oder Geschiedensein in ein sehr enges, negatives Korsett gepresst worden, das die Trennung und den damit einhergehenden Schmerz nur unnötig in die Länge zieht.

Kernpunkte

- Leere ist eine tief gehende Aufgeschlossenheit. Durch sie nähern wir uns Dingen und Menschen ohne Erwartungen und sehen sie, wie sie wirklich sind – jetzt, in diesem Augenblick, nicht, wie wir sie erwarten oder erinnern.

- Bedingtes Entstehen ist der wichtigste Eckpfeiler des Buddhismus. Es bedeutet, dass wir nie aufhören, uns zu entwickeln und zu verändern, und dass unsere Entwicklung von den Bedingungen um uns herum geformt wird. Diese Bedingungen ändern sich ebenfalls und werden wiederum von den Bedingungen um sie herum geformt. Alles ist mit allem verbunden und beeinflusst sich gegenseitig. Nichts und niemand ist so, wie es oder er war, als wir es oder ihn das letzte Mal gesehen haben, und ganz gestimmt nicht so wie bei unserer ersten Begegnung.

- Da Sie und Ihr Partner sich ständig verändern, kann es durchaus sein, dass Sie ihn so, wie er jetzt ist, nicht mehr lieben. Sie werden sich weiter verändern, aber nie wieder so sein, wie Sie waren.

- Etiketten sind bedeutungslos und hindern uns daran, Menschen und Dinge klar zu sehen.

- Erkunden Sie Ihre Gefühle, nehmen Sie nicht einfach an, sie sind immer gleich. Werfen Sie alte Vorstellungen über Bord und nähern Sie sich Situationen mit Leere.

Selbstreflexion

Ich werde Sie im Laufe dieses Buchs noch häufiger darum bitten, alte Vorstellungen über Bord zu werfen. Ich führe Sie an eine neue Art heran, Sie und die Welt um Sie herum zu betrachten in der Hoffnung, dass Sie aus dieser Trennungsphase heraus Glück und inneren Frieden finden.

Nehmen Sie sich etwas Zeit, um über die folgenden Fragen nachzudenken. Halten Sie schriftlich fest, welche Gefühle Sie dabei entwickeln und welche Antworten auftauchen. Wir werden am Ende des Buchs auf diese Notizen zurückkommen und sehen, ob sich etwas verändert hat.

Wenn Sie vorhaben, sich von jemandem zu trennen, denken Sie über die folgenden Fragen nach:

- Welche Rolle spielen Sie bei den Problemen in Ihrer Beziehung?
- Welche Gefühle löst Ihr Partner in Ihnen aus? (Achtung: Fangfrage!)
- Vor welchem Verlust haben Sie am meisten Angst?
- Welche Vorteile hätte eine Trennung?
- Sind Sie deprimiert und/oder ängstlich? Weswegen sind Sie deprimiert, oder wovor genau haben Sie Angst?

Haben Sie gerade eine Trennung hinter sich, denken Sie über die folgenden Fragen nach:

- Sind Sie in Ihren Ex-Partner immer noch verliebt, und wünschen Sie sich eine Versöhnung?
- Welche Rolle haben Sie beim Zusammenbruch Ihrer Beziehung gespielt?
- Welche Gefühle löst Ihr Ex-Partner in Ihnen aus? (Achtung: Fangfrage!)
- Welchen Verlust bei der Trennung beklagen Sie am meisten?
- Hat die Trennung auch Vorteile?
- Wie sieht das Leben jetzt für Sie aus?
- Sind Sie deprimiert und/oder ängstlich? Weswegen sind Sie deprimiert, oder wovor genau haben Sie Angst?

3

ANHAFTEN

*Die Wurzel allen Leidens
ist das Begehren.*
BUDDHA

»Hey, Buddha!«, höre ich Sie rufen. »Die Wurzel *meines*
Leidens ist, dass ich *nicht mehr* begehrt werde!«

Ja, ich höre Sie, doch haben Sie noch etwas Geduld mit
mir (und mit Buddha), denn ebenso wie die Leere ist auch
das Konzept des Begehrens, des Anhaftens und des Fest-
haltens ein ganz anderes, wenn man es mit den Augen des
Buddhisten betrachtet.

Für mich ist dieser Teil der Lehre Buddhas sogar derjenige, der mir das Leben am meisten erleichtert, in vielerlei
Hinsicht. Eine großartige Sache.

Wenn wir im Alltag davon sprechen, jemandem verbunden zu sein, wird das normalerweise als Kompliment und
positive Entwicklung in einer Beziehung gedeutet. In einer
Beziehung sind es eher Eigenschaften wie Unverbindlich-
keit, Unverbundenheit, Abstand und Distanz, die wir als

potenziell problematisch erachten. Bei Adrian und mir war es definitiv das Gefühl, dass er nicht mehr mit mir verbunden war, das den Stein unserer Trennung ins Rollen brachte.

Um ganz ehrlich zu sein: Als ich zum ersten Mal las, dass Buddha uns empfiehlt, nichts und niemandem anzuhaften, dachte ich, ich sei mitten in einer dieser furchtbaren Sekten gelandet, die es einem nicht erlauben, jemanden zu lieben oder Geburtstag zu feiern. Glücklicherweise habe ich herausgefunden, dass dies auf einem der weitverbreiteten Missverständnisse beruht, die durch Übersetzungsfehler zustande gekommen sind.

Die frühen buddhistischen Schriften sind in Pali und Sanskrit abgefasst worden, für deren Begrifflichkeiten es in anderen Sprachen meist keine eindeutigen, klaren Entsprechungen gibt. Hier taucht unter anderem der Begriff »Upadana« auf, der am ehesten mit anhaften, festhalten und begehren übersetzt werden kann. »Festhalten« und »klammern« sind wahrscheinlich die Wörter, die am besten wiedergeben, worüber Buddha sich Sorgen gemacht hat. Er lehrte uns nie, andere nicht zu lieben – im Gegenteil. Am liebsten wäre es ihm wohl gewesen, wir würden ausnahmslos jeden in unser Herz schließen. Er wollte aber nicht, dass wir denjenigen festhalten, uns an ihn klammern und ihn bis zur Besessenheit begehren.

Ebenso wenig hat Buddha uns verboten, Beziehungen mit anderen Menschen einzugehen. Er »verbot« auch nicht, uns an etwas zu erfreuen. Er lehrte lediglich, dass das

> ANHAFTEN (Upadana) bedeutet festhalten, klammern, begehren.

70

Begehren – ob es sich nun auf Gegenstände oder Menschen richtet – negative Folgen nach sich zieht. Meiner Meinung nach ist diesbezüglich Angst ein guter Indikator: Wird in einer Beziehung viel geklammert, herrscht große Angst – etwa davor, den anderen zu verlieren.

Deshalb ging Buddha auch so weit zu behaupten, Begehren sei die Wurzel allen Leidens. Und zwar aus zwei Gründen. Zum einen hielt er es für ein fundamentales Missverständnis der Realität. Durch das Konzept des Bedingten Entstehens wissen wir, dass Buddha glaubte, alles sei mit allem verbunden. Jeder Mensch, jedes Tier und jede Pflanze hängt hinsichtlich Geburt und Überleben von den Bedingungen in der unmittelbaren Umgebung ab. Alles ist miteinander verbunden. Und aus diesem Grund, so Buddha, müssen wir uns auch nicht an Menschen oder Dinge klammern: Die Verbindung existiert ohnehin. Wenn wir auf eine exklusive, ganz besondere Art von Verbundenheit pochen, geraten wir in Schwierigkeiten. Was wiederum an unsere frühere Diskussion über das Errichten von Mauern um uns herum und das Ziehen von Grenzen anknüpft.

Zum anderen glaubte Buddha, Anhaften oder Klammern führe letztlich zu den Geist trübenden Leidenschaften – die wiederum Leiden verursachen –, zu immer mehr bedauerlichem Verhalten und immer mehr Leiden.

In meiner alten Vorstellung von meiner Beziehung mit Adrian lief das Ganze etwa wie folgt ab: »Adrian vergöttert mich und tut, was ich will. Er wird sich niemals von mir trennen, egal, was passiert.« Eine nicht nur alte, sondern hoffnungslos *ver*altete Vorstellung und der Beweis, dass ich vom Prinzip der Unbeständigkeit damals noch keine

Ahnung hatte. Es hätte absolut keinen Zweck gehabt, Adrian weiter von diesem Standpunkt aus zu sehen und mit ihm unter dieser Prämisse zu interagieren. Ich musste mich ihm mit der Haltung der Leere nähern, sehen, wer er jetzt wirklich war und wozu er sich entwickelt hatte, wenn ich ein böses Erwachen vermeiden wollte. Dennoch weigerte ich mich eine Zeit lang, mich von dieser alten Vorstellung zu verabschieden. Ich klammerte mich an sie, haftete ihr an, und das verursachte mir großes Leid.

Auch heute noch muss ich immer wieder meine alten Ansichten über Adrian über Bord werfen und ganz neu auf ihn zugehen. Wir sind miteinander verbunden, nicht zuletzt wegen unserer beiden Kinder. Ignoriere ich diese Tatsache oder kann ich sie nicht sehen, weil Gefühle meinen Blick trüben, könnte ich in Panik geraten und versuchen, ihn wieder enger an mich zu binden. Doch wer will schon enger an ein panisches, verblendetes, klammerndes Häufchen Elend gebunden sein?

Dazu wieder ein Beispiel: Stellen Sie sich vor, Sie wollen mit einer Freundin Achterbahn fahren. Sie setzen sich in die Kabine und werden angeschnallt, sodass Sie tief und sicher wie eine Einheit in Ihren Sitzen klemmen. Wenn es dann losgeht, packt Ihre Freundin Sie und klammert sich an Sie, als wolle sie in Sie hineinkriechen. Sie gräbt ihre Fingernägel in Ihre Haut und kreischt Ihren Namen. Dieses Phänomen, auch bekannt als »Ich besuche Luna Park mit meiner Mum«, zeigt, dass die Person die Realität der Situation – Sie sind wie eine Einheit und vollkommen sicher – komplett missverstanden hat. Das Verhalten dieser Person ist nicht im Mindesten hilfreich und macht niemanden sicherer noch glücklicher. Doch wenn Sie versuchen, sich aus dem Klammergriff zu befreien, bricht noch mehr Panik aus, und die Person krallt sich noch entschiedener an Ihnen fest. Was wiederum dazu führt, dass Sie sich entschlossener befreien wollen, und so weiter. Ein Teufelskreis.

Das Anhaften im Sinne des buddhistischen Upadana ist ein Symptom des fundamentalen Irrtums hinsichtlich der Einheit aller Dinge. Es besteht keinerlei Grund, sich an irgendetwas zu klammern, denn nichts ist – und war je – von uns getrennt. Das Klammern bringt uns den Dingen und Menschen nicht näher. Im Gegenteil: Wir schieben sie damit von uns weg und/oder erschaffen Situationen, in denen wir sie möglicherweise zum Lügen und Manipulieren zwingen.

Wir alle kennen das: Das Handy klingelt, und es erscheint ein Name auf dem Display, bei dem wir genervt aufstöhnen. Vielleicht lügen wir diese Person hinsichtlich unserer Pläne an, weil sie ungeheuer anstrengend ist und uns ihre Nähe schlicht auslaugt. Leider führt das oft nur zu noch mehr Klammern auf der Gegenseite.

Am liebsten verbringen wir Zeit mit Menschen, die sich in unserer Gegenwart wohlfühlen und entspannt sind. Sie freuen sich, uns zu sehen, machen aber nicht viel Aufhebens darum, wie lange wir bleiben sollen oder wann wir uns wiedersehen. Sie klammern nicht, sondern genießen die augenblickliche Verbundenheit, ohne dabei schon an die nächste Begegnung zu denken oder um Bestätigung zu buhlen.

Etwas zu sehr zu wollen führt zu allen möglichen

Schwierigkeiten, da muss man nur mal eine Frau fragen, die gerade eine Diät macht! Oder jemanden, der mit Suchtproblemen kämpft. Diese Art von Anhaften, Festhalten und Begehren beeinflusst uns in ähnlicher Weise wie das Anhaften an Menschen. Sie sind alle eine Form von Klammern, die uns unglücklich und irrational macht.

Wenn wir uns einreden, zu unserem Glück andere Menschen oder Dinge zu brauchen, entsteht leicht ein Gefühl des Mangels. Wie viel wir auch besitzen, wir gieren nach mehr.

Wenn Sie sich das nächste Mal aufregen oder ärgern, stellen Sie sich bitte einmal folgende Fragen: »Woran klammere ich mich? Was versuche ich festzuhalten?« Oder, anders formuliert: »Was sollte meiner Meinung nach im Augenblick geschehen? Welches Bedürfnis wird gerade nicht befriedigt?«

Ich hatte neulich einen wirklich guten Tag: Es ging mir gut mit der Trennung, ich hatte gute Laune, war sogar glücklich. Dann traf ich zufällig eine Freundin, die mir erzählte, ihre 18 Jahre alte Tochter sei gerade zu ihrer ersten Überseereise aufgebrochen – nach Ungarn, Frankreich, Italien und Deutschland.

»Deutschland!«, rief ich entzückt aus. »Ich liebe Deutschland!« Und plötzlich, ohne Vorwarnung, wurde ich von einem panikartigen Gefühl der Begierde erfasst.

Vor Jahren, die Kinder waren noch nicht auf der Welt, haben Adrian und ich gemeinsam Deutschland besucht, zweimal, um genau zu sein. Wir bereisten das Land wochenlang kreuz und quer und haben eine wunderbare Zeit verbracht. Adrians Familiengeschichte ist mit dem

Zweiten Weltkrieg verknüpft, weshalb er sich schon immer für Deutschland interessiert hat. Er hätte es sich nie träumen lassen, einen der Orte, von denen seine Großmutter in seiner Kindheit so begeistert erzählt hatte, einmal mit eigenen Augen zu sehen, doch dafür sorgte ich dann schon. Es war eine wirklich große Sache für uns, denn weder seine noch meine Familie hatte es sich leisten können, jemals in Übersee Urlaub zu machen. Wir konnten nicht fassen, dass wir die Ersten waren, die das geschafft hatten, es war für uns beide eine ganz besondere Erfahrung, die uns zusammenschmiedete. Wir beschlossen, eines Tages dorthin zurückzukehren – mit unseren damals noch ungeborenen Kindern, aber diesmal für ein oder zwei Jahre.

Plötzlich standen mir diese Pläne wieder lebhaft vor Augen. Ein stechender Schmerz durchfuhr mich: Wir würden sie nie in die Tat umsetzen. Ich war den Tränen nahe. Wie würde meine Zukunft *jetzt* aussehen? Was war übrig von meinen Träumen? Innerlich schlug ich wild um mich – ich klammerte.

In diesem Fall war ganz klar, was ich festzuhalten versuchte: die Zukunft, die ich zu haben geglaubt hatte. Das liegt jedoch bei Weitem nicht immer so deutlich auf der Hand. Normalerweise muss ich nach dem Warum forschen.

»Warum trete ich die Waschmaschine?«

Die erste Antwort darauf lautet vielleicht: »Weil sie leckt.«

Ich grabe tiefer. »Weil ich jetzt einen Klempner organisieren muss, der sie repariert.«

Noch tiefer: »Weil ich mich immer um alles kümmern

muss, seit niemand mehr da ist, der sich um mich kümmert.«

Aha! Ich trete die arme Waschmaschine, weil ich mich danach sehne, das Haus wieder mit einem anderen Erwachsenen zu teilen. Ich sehne mich nach jemandem, der mir zeigt, dass er mich liebt, indem er mir hilft. Ich hafte der Vorstellung an, dass ich mich nicht allein um solche Dinge kümmern müssen sollte. Adrian sollte hier sein und sich so um mich kümmern, wie ich mir das von ihm wünsche. Ich hafte Adrian an, und damit muss Schluss sein. Das ist der wahre Grund, warum ich die Waschmaschine trete.

Der Waschmaschine und verschiedener anderer Gegenstände in meinem Haushalt zuliebe, die sich gern mal einen kleinen Tritt hier und da einfangen, muss ich mich mit dem buddhistischen Prinzip des Anhaftens auseinandersetzen. Hier zähle ich noch mehr Gründe auf, warum das sinnvoll ist:

- Anhaften steht der allgemeinen Zufriedenheit enorm im Weg. Denn es gibt immer mehr und Besseres als das, was wir schon haben. In Beziehungen kann die Gier danach, verwöhnt zu werden und gesagt zu bekommen, dass man geliebt wird, dazu führen, mit dem Gesagten oder Getanen niemals zufrieden zu sein. Da kommt der Partner früher oder später nicht mehr mit. Letztlich stören wir uns dann an Kleinigkeiten. Und bei der Gier nach Sex kommen noch ganz andere Probleme dazu.
- Anhaften macht uns launisch, da wir ständig zwischen dem Hochgefühl, etwas Begehrtes zu bekommen, und

der Enttäuschung, wenn wir es nicht mehr oder zu viel davon bekommen, schwanken. Manchmal bekommen wir es auch gar nicht. Dann fragen wir uns vielleicht, was mit uns nicht stimmt, und reden uns ein, dass es bei uns nie gut läuft, dass wir eben Pechvögel sind, Opfer des Lebens. Auch diese Einstellung kann einen Partner ungeheuer ermüden, vor allem dann, wenn wir von ihm erwarten, dass er uns wieder aufmuntert, und mit schlechter Laune drohen, sollte es ihm nicht gelingen.

- Wenn wir uns nur darauf konzentrieren, was wir wollen, laufen wir Gefahr, die wundervollen Ereignisse des Augenblicks zu verpassen.

- Anhaften verursacht Angst. Wir fürchten uns davor, von Menschen oder Sachen, die wir begehren, getrennt zu werden. Und aus Angst ignoriert der Mensch, dass ihm manches gar nicht guttut.

- Durch das Anhaften verleihen wir Menschen oder Situationen die Kontrolle über uns.

- Das Anhaften hält uns in Bedingungen gefangen, die sich negativ auf uns auswirken. An einer unguten Beziehung festzuhalten kann traurig und verbittert machen. Umgekehrt kann es uns glücklich machen, diese Beziehung loszulassen.

Der Umgang mit dem Anhaften

Natürlich führt uns auch dies wieder zu den Prinzipien der Leere und der Unbeständigkeit. Wir müssen aufräumen mit unseren vorgefassten Meinungen bezüglich dessen, was geschehen *sollte* und was wir haben *sollten,* und unseren Blick für die Realität des Augenblicks schärfen. Dann können wir unseren Emotionen ehrlich ins Auge blicken und klare Entscheidungen treffen.

Sie können viel tun, um diesen Prozess in Gang zu setzen. Die folgende Liste ist keineswegs vollständig; ich nehme sie, um mir in Situationen des oben beschriebenen panikartigen Begehrens zu helfen, und hoffe, sie bietet auch Ihnen einen hilfreichen Ansatzpunkt.

1. Akzeptieren Sie, dass es nicht leicht werden wird.

Wer eine Trennung durchmacht, fühlt sich einsam und ungeliebt. Ich weiß ja nicht, wie das bei Ihnen ist, aber ich bekomme manchmal Angst, dass ich mich für den Rest meines Lebens so fühlen werde. Deshalb ist das Klammern wahrscheinlich auch eine ziemlich vorhersagbare Reaktion. Wenn wir uns allein und verletzlich fühlen, strecken wir instinktiv die Hand nach jemandem aus; wir greifen nach diesem Jemand und klammern uns mit aller Kraft an ihn. Das ist zwar keine gute Idee, doch es ist andererseits auch nicht leicht, dagegen anzukämpfen. Es lohnt sich aber.

Ein Mensch kann in einer Schlacht
tausendmal tausend Gegner besiegen,
doch der größte Held ist der,
der sich selbst besiegt.
BUDDHA

2. Arbeiten Sie an Ihrer Wahrnehmung.

Diesen Vorgang kann man auch als *Achtsamkeit* bezeichnen, ich nenne ihn gern den »Warum um Himmels willen trete ich die arme Waschmaschine?«-Test. Woran hänge ich? Was begehre ich? Wenn Sie es nur lange genug versuchen, werden Sie sich irgendwann diese Fragen stellen, bevor Sie komplett ausflippen. Und mit »lange« meine ich übrigens nicht Jahre. Sie werden staunen, welche Wirkung das Ganze hier entfaltet, schon während Sie weiterlesen und sich mehr damit beschäftigen. Die praktische Anwendung ist gar nicht so schwierig, wie sie auf den ersten Blick vielleicht erscheinen mag, hat dafür aber Auswirkungen auf das ganze Leben. Machen Sie sich die Dinge immer wieder sanft bewusst, und scheuen Sie sich nicht, andere um Zeit zum Nachdenken zu bitten, wenn sich ein Ausflippen anbahnt. Im Falle der Waschmaschine oder jedes anderen Gegenstandes, den Sie in diesem Moment gern treten würden, sollten Sie sich *selbst* einen Moment Pause gönnen – und dann loslassen.

3. Denken Sie gut darüber nach, was Sie wirklich begehren.

In unserem Fall würde man annehmen, die Frage lautete eher, *wen* wir begehren, doch tatsächlich vermisst man nach einer Trennung auch vieles andere. Der Mensch, der nicht mehr da ist, steht für eine Vielzahl an Plänen, Hoffnungen und Träumen, für Sicherheit, Geborgenheit und ein Identitätsgefühl, in das wir ungeheuer viel Energie investiert haben. Geht dieser Mensch, scheint er all dies mitzunehmen; deshalb wollen wir ihn zurück – nicht um seinetwillen, sondern um der Wunschvorstellungen willen, die wir um ihn herum aufgebaut haben.

Versuchen Sie, rational einzuschätzen, wie es für Sie wäre, wenn Sie wieder zusammenkommen würden. Wollen Sie das wirklich? Besteht diese Beziehung tatsächlich noch? Seine Heiligkeit der Dalai Lama hat dies so ausgedrückt: »Die meisten unserer Sorgen sind unserem leidenschaftlichen Verlangen nach und unserem Festhalten an Dingen geschuldet, die wir als beständig missverstehen.« Auch er spielt hier auf das Prinzip der Unbeständigkeit an. Er sagt nichts anderes, als dass alles und jeder sich ständig verändert. Wir vergeuden eine Menge Zeit und Energie darauf, etwas zu begehren, das nicht für immer von Bestand sein wird. Vielleicht noch nicht einmal nächstes Jahr oder morgen – was also soll's? In vielen Fällen – auch in meinem – existieren sie schon gar nicht mehr.

Den Adrian, den ich begehre, gibt es nicht mehr. Es gab ihn, als wir jünger waren, doch das ist lange her. Der Adrian von heute bringt mich auf die Palme! Ich will nicht mehr mit ihm zusammenleben, geschweige denn mit ihm verheiratet sein (sorry, mein Lieber!). Zweifelsohne wären unsere Probleme uns nach Deutschland gefolgt, wenn wir zusammengeblieben wären und unseren Traum wahrgemacht hätten. Es wäre nie so idyllisch gewesen, wie ich es mir ausgemalt hatte. Und im Übrigen hätte Adrian wahrscheinlich auch keinen Finger gerührt, um mir bei der leckenden Waschmaschine zu helfen – beide emotionalen Kettenreaktionen entbehrten demnach jeglicher Grundlage.

4. Versuchen Sie, das Positive daran zu erkennen, dass Sie nicht haben, was Sie begehren.

Welche Vorteile hat es, dass Ihr Partner nicht mehr da ist? Spart es Geld? Emotionale Energie und Tränen? Können Sie jetzt im Fernsehen ansehen, was Sie wollen? Müssen Sie die Schwiegereltern nicht mehr sehen? Es gibt immer etwas Positives.

5. Reagieren Sie nicht, wie Sie immer reagieren, nur weil Sie eben immer so reagieren.

Sie müssen nicht weinen, weil Sie sonst immer weinen, oder aufgeben, weil Sie immer aufgeben. Und Sie müssen mit Ihrem Partner nicht wieder zusammenkommen, weil Sie sonst auch immer wieder zusammengekommen sind. Erinnern Sie sich an Ihre neue Vorgehensweise, wenn Sie bei anderen auf eingefahrene Verhaltensmuster stoßen. Sie müssen die Szene nicht so spielen, wie Sie sie immer gespielt haben. Wie anders verläuft sie, wenn Sie sie ruhig angehen, ohne den Zwang, dieselben alten Ergebnisse zu erzielen.

6. Tun Sie anderen etwas Gutes.

Sehen Sie über Ihren Tellerrand, konzentrieren Sie sich nicht nur auf Ihr Leiden. Es ist gar nicht so leicht, unglücklich oder mit eigenen Problemen beschäftigt zu sein, wenn man in das hilflose und flehende Gesicht eines misshandelten, ausgesetzten Hundes sieht, dringend benötigte Sachen an Flüchtlinge verteilt oder Mahlzeiten für Obdachlose organisiert. Dadurch öffnen Sie sich wieder den Bereichen in Ihrem Leben, die funktionieren, und sind dankbar für das Glück, das Sie in anderer Hinsicht als in der Beziehung zu einem Partner haben.

Sollten Sie für diese Art von Wohltätigkeit zu beschäftigt sein, können Sie sich auch in anderen Bereichen betätigen, etwa in den sozialen Netzwerken oder bei der Arbeit. Gratulieren Sie jemandem zum Geburtstag, kommentieren Sie ein Foto, beglückwünschen Sie jemanden zu seiner Leistung, sagen Sie jemandem, wie gut er oder sie aussieht. Dazu braucht es nicht viel, es kann aber sowohl bei Ihnen als auch bei dem anderen viel bewirken.

7. Denken Sie daran, dass Sie nicht ewig leben.

Ihr Leben dauert eine bestimmte Zeit. Wie viel davon möchten Sie damit verbringen, sich zu wünschen, die Umstände oder Menschen wären anders? Wie viel davon möchten Sie in einer unglücklichen Beziehung verbringen? Was (oder wen) verpassen Sie gerade in diesem Augenblick, weil Sie immer noch an Träumen festhalten, die nie in Erfüllung gehen werden? Das ist jetzt hart, ich weiß, aber es ist die Realität. Wie viel Lebenszeit haben Sie mit dieser Beziehung bereits vergeudet? Und ist Ihnen das vielleicht auch schon einmal passiert? Es ist nie zu spät, keine Zeit mehr zu vergeuden.

8. Schenken Sie den Veränderungen in Ihrem Verhalten Anerkennung.

Beglückwünschen Sie sich, wenn Sie Zeit und Mühe in Ihr eigenes Glück investieren. Sie arbeiten aktiv an Ihrem persönlichen und spirituellen Wachstum, und das ist großartig. Gut gemacht, weiter so!

Letztlich hat Anhaften in einer Beziehung mehr mit dem, was Sie begehren, als mit dem Partner zu tun. Es geht darum, *Ihre* Wünsche zu erfüllen, auch wenn es sich so anfühlt, als würde daraus nur Schmerz erwachsen. Wenn Sie sich entschließen, in einer Beziehung zu bleiben, profitieren Sie davon auch irgendwie. Seien Sie ganz ehrlich zu sich selbst, und überlegen Sie, *warum* Sie so lange in dieser Beziehung geblieben sind. Vielleicht hatten Sie Angst vor dem Alleinsein – das ist dann der Punkt, an dem Sie arbeiten sollten, damit sich so eine unglückliche Beziehung nie wiederholt.

Liebe ohne Anhaften, ohne Festhalten und Klammern ist Liebe, die sich in der Mitte trifft. Liebe, bei der weder der eine noch der andere erwartet, geheilt oder vervollständigt zu werden. Diese Liebe ist möglich und existiert, und wer sie einmal erfahren hat, will sie nie wieder missen.

Liebe ohne Anhaften

In einer Beziehung, in der wir nicht an Vergänglichem festhalten, genießen wir die Zeit mit dem anderen und die Aufmerksamkeit des Partners, ohne mehr zu verlangen. Wirft man das Festhalten über Bord, kann sich eine unglückliche Liebe in eine wunderbare Freundschaft verwandeln. Und das ist ganz sicher das Ziel jedes sich trennenden Paares mit Kindern.

Es gibt vieles, das ich an dem Adrian, der jetzt existiert, mag, ja sogar bewundere. Er ist ausgeglichen, ehrlich, großzügig, freundlich, kreativ, prinzipienfest und ein fantastischer Vater, um nur einige Beispiele zu nennen. Unser gemeinsames Ziel ist es, uns auf das Gute und Schöne, das wir im anderen sehen, zu konzentrieren, darauf, was im Augenblick existiert, statt wütend an dem festzuhalten, das nicht mehr existiert.

Und ich weiß, dass das möglich ist, weil ich es im Umgang mit meinen Freundinnen gelernt habe.

Den Großteil meines Lebens hatte ich eine beste Freundin. Nicht immer dieselbe, wohlgemerkt. Ähnlich wie sich Leonardo di Caprio durch Victoria's-Secret-Kataloge durcharbeitet, habe auch ich mir die Nächste vorgenommen, sobald sich eine intensive Freundschaft mehr oder weniger in Wohlgefallen auflöste. Ebenso wie Leo war ich nie allein, aber im Gegensatz zu Leo – so meine Vermutung – habe ich mich dabei nie wirklich wohlgefühlt. Ich empfand mein Verhalten schon als ein wenig zwanghaft.

Soweit ich mich erinnern kann, war das schon in meiner Kindheit so. Ich hängte mich mit allem, was ich hatte, an einen einzigen anderen Menschen. Vermutlich genoss ich die Exklusivität dieser Art von Freundschaft. Es war schön, jemanden sein Eigen nennen zu dürfen, jemanden, den alle anderen als *meine* beste Freundin kannten. Es verhalf mir zu einem Selbstwertgefühl: Ich war jemand, den man zur besten Freundin haben wollte. (Natürlich erinnert das an mein Festhalten an Adrian: Ich war ungeheuer stolz darauf, dass er mich liebte.)

Allerdings basierten meine besten Freundschaften fast ausnahmslos auf ziemlich viel Negativem und Lästerei. Im Grunde waren all diese Mädchen und Frauen nicht meine

Freundinnen, sondern meine »Freindinnen« – wir waren Freundfeinde. Ich habe mir oft andere Freundinnen gewünscht, aber ich fühlte mich ständig von derselben Art Mensch angezogen: männerfressende, anmaßende Alphaweibchen, vor denen andere immer ein wenig Angst hatten. Wahrscheinlich dachte ich, es mache aus mir etwas Besonderes, wenn ich sie zähmen und ihre beste Freundin werden konnte. Heute weiß ich, dass das Besondere darin bestand, eine manipulative, klettenhafte Freindin zu sein, die die andere mit Liebesbotschaften überhäufte.

Eine Freindin ist jemand, den man Freundin nennt, obwohl man sie eigentlich gar nicht mag. Schlimmer noch: Man wünscht ihr insgeheim den schmählichen Untergang an den Hals. Für manche Menschen – sprich: heterosexuelle Männer – ist das schwer zu glauben, aber tatsächlich ist Freindschaft ein weitverbreitetes Phänomen.

Und in emotionaler Hinsicht ein hochkomplexes. Vertraute sich eine Freindin mir an, fühlte ich mich enorm geschmeichelt und schwor – in diesem Augenblick von ganzem Herzen –, ihr Geheimnis sei bei mir bestens aufgehoben. Das Problem daran war nur: In dem Moment, in dem sie weg war, fühlte ich mich durch die Aufmerksamkeit anderer Freindinnen geschmeichelt, die alles daransetzten, dieses Geheimnis zu erfahren. Ich verriet es – der Preis, den man fürs Einschmeicheln bezahlt –, und schon bald begann alles von vorn. Dasselbe galt natürlich auch für meine Geheimnisse, was mich in schwachen Momenten allerdings nicht davon abhielt, sie ebenfalls einer Freundin anzuvertrauen.

Wir wetteiferten miteinander um Aufmerksamkeit, Zuneigung oder gesellschaftliche Überlegenheit und nutzten die Schwächen anderer skrupellos aus, um all das zu bekommen. In Tina Feys brillantem Film *Girls Club – Vorsicht bissig!* geht es um genau diese Art von Beziehungen unter Frauen. Er spielt zwar an einer Highschool, bei mir hielt das Muster aber bis weit über meinen 30. Geburtstag hinaus an.

Ich hatte mich schon einige Jahre lang mit dem Buddhismus beschäftigt, als ich mich mit meiner damaligen besten Freundin plötzlich sehr unwohl fühlte. Ich warf ihr vor, sie manchmal zu hassen, weil sie zuweilen sehr grob zu mir war. Ich warf ihr vor, meine Gefühle zu verletzen, wenn sie vor anderen gemein zu mir war, und war sehr stolz, als andere diese Gemeinheit mir gegenüber später kommentierten. Ich redete mir ein, ein besserer Mensch als sie und Opfer ihres Verhaltens zu sein. Ich war neidisch auf ihre Erfolge und freute mich im Gegenzug über ihren Neid. Und ich genoss es, in ihrer Abwesenheit ausgiebig über sie zu lästern!

Ihr Verhalten war zugegebenermaßen nicht unbedingt nett, aber meine Reaktion darauf war auch nicht gerade freundlich. Ich verhielt mich ihr gegenüber schließlich ebenso grob und erzählte anderen Vertraulichkeiten, die ich fairerweise für mich hätte behalten sollen. Ich schloss sie von einigen meiner Unternehmungen aus, um sie nicht an meinem Erfolg teilhaben zu lassen. Und ich riet auch anderen dazu.

Nachdem wir das jahrelang so getrieben hatten, war keine von uns beiden wirklich glücklich oder zufrieden, keine war beliebter als die andere, und keine konnte den Streit um die Vorherrschaft über die andere für sich entscheiden.

Nur unseren guten Ruf hatten wir uns beide gründlich ruiniert: Die Leute hielten uns schlicht für zwei unangenehme, äußerst bissige Zicken.

Am Ende waren wir nur noch traurige Gestalten. Wir waren in Jobs tätig, die wir hassten, trafen Entscheidungen, die wir später bereuten, und logen uns entweder an, um nur ja nicht das Gesicht zu verlieren, oder heulten uns gegenseitig bei der anderen aus, weil es ja sonst niemanden gab, den unser Drama auch nur im Geringsten interessiert hätte. Wir klammerten uns regelrecht aneinander und an unseren Schein der besten Freundinnen, ließen in Wirklichkeit aber keine Gelegenheit aus, um der anderen wehzutun.

Zum Glück meldete ich mich damals gerade für einen neuen Kurs in dem buddhistischen Zentrum in meiner Nähe an. Darin ging es um »den Geist trübende Leidenschaften«, und der Lehrer begann mit einer Diskussion über Menschen, auf die wir ungut reagieren. Menschen, von denen wir glauben, sie machten uns unglücklich. Dann behauptete er, dass kein Mensch einen anderen unglücklich machen kann. Wir allein entscheiden, wie wir auf das Verhalten anderer reagieren. Sie haben keinerlei Macht über unsere Gefühle.

Buddha sagte: »Sicher, Fred hat Ihnen eins auf die Nase gegeben, aber das ist sein Problem. Dein Problem ist, dass du dich darüber ärgerst.«
HOCHEHRWÜRDIGE ROBINA COURTIN

Buddha sagte, kein Mensch kann uns wütend, traurig oder irgendetwas anderes *machen*. Wir selbst entscheiden, wie wir auf die Welt um uns herum reagieren. Und wenn wir beschließen können, uns darüber zu ärgern, dass Fred uns eins auf die Nase gegeben hat, können wir demzufolge auch beschließen, uns *nicht* darüber zu ärgern. Der eine schlägt vielleicht zurück, der andere wendet sich ab und nimmt sich vor, sich darum zu kümmern, wenn sich beide Seiten beruhigt haben. Das ist der Unterschied zwischen einer heißblütigen und einer abgeklärten Reaktion.

Letztere ist möglich, wenn wir am Prinzip des Anhaftens arbeiten. Beherrschen wir die Kunst, uns einen Augenblick Zeit zu nehmen, um uns zu sammeln und unsere negativen Gefühle zu hinterfragen, bevor sie in Verhalten und Entscheidungen münden, die wir später bereuen, finden wir auch heraus, woher sie wirklich kommen und woran wir uns wirklich klammern. Dann können wir rational und mit einem besseren Ergebnis reagieren.

Während ich noch über den erstaunlichen Gedanken nachdachte, dass ich selbst es war, die mich unglücklich machte, hob eine andere Kursteilnehmerin die Hand. In aller Ausführlichkeit schilderte sie eine schwierige Freundschaft, die schon länger dauerte, als ich überhaupt auf der Welt war. Ohne auch nur eine Sekunde zu zögern, fragte der Lehrer sie: »Können Sie sie beenden?«

Die Kursteilnehmerin war verwirrt. »Ob ich die Freundschaft beenden kann?«, fragte sie zurück.

»Klar«, entgegnete der Lehrer. »Warum nicht? Sie mögen die Frau offensichtlich nicht besonders. Sie könnten sehr hart an Ihrer Beziehung arbeiten, buddhistische Prinzipien anwenden, es sich zur Aufgabe machen, mit der Zeit anders mit ihrem Verhalten umzugehen – oder Sie könnten die Freundschaft einfach beenden. Ihr alles Gute wünschen und Ihre Energie auf anderes richten.«

Ich weiß nicht, was die andere Kursteilnehmerin aus diesem Ratschlag gemacht hat, bei mir hat er definitiv eingeschlagen wie der Blitz. Plötzlich wusste ich, dass ich meine »beste Freundschaft« beenden musste. Sie diente keinem von uns, und mir war es die Mühe offen gestanden nicht wert, hart an dieser Beziehung zu arbeiten. Auch ich mochte die betreffende Person eigentlich nicht, ebenso wenig, wie sie mich mochte. Ich beschloss, meine Energie in etwas anderes zu stecken und Schluss zu machen.

Leider auf keine sehr schöne Weise, wie ich zugeben muss. Ich war noch nicht so weit, mich mit ihr zu treffen und ihr meine Entscheidung zu erklären; auch anrufen konnte ich sie nicht. Zu meiner Schande muss ich gestehen, dass ich ihr auch keinen Brief, keine Mail und keine SMS geschrieben habe; ich habe ihr keine Brieftaube und auch keine Rauchzeichen vom Schlafzimmerfenster aus geschickt. Ich habe sie schlicht ignoriert – als Facebook-Freundin, als Anruferin, überhaupt als jemanden, der jemals Teil meines Lebens war. Ich mied Veranstaltungen, bei denen wir uns wahrscheinlich getroffen hätten, bis sie und alle anderen, die uns kannten, es schließlich kapiert hatten. Sie fragte auf verschiedenen Plattformen nach, ob ich sie »entsorgen« wollte, doch auch das ignorierte ich. Irgendwann versuchte sie dann nicht mehr, mit mir Kontakt aufzunehmen.

Ja, ich beendete diese Freundschaft auf die mieseste, verletzendste, beschämendste Weise, die man sich nur vorstellen kann, und bin alles andere als stolz darauf. Zu meiner Verteidigung kann ich nur vorbringen, dass Freundschaften meines Erachtens schwerer zu beenden sind als Liebesbeziehungen. Das mag vielen Menschen – sprich: heterosexuellen Männern – absurd erscheinen. Mein Dad hat sich wahrscheinlich nie ernsthaft Gedanken darüber gemacht, welchen Einfluss seine Kumpel Reg und Billy auf sein Selbstwertgefühl und seine persönliche Entwicklung hatten. Ich kann mich nicht daran erinnern, dass er jemals Angst gehabt hätte, dass sie über ihn redeten, wenn er nicht dabei ist. Freundschaften zwischen heterosexuellen Männern scheinen mir ziemlich geradlinig zu sein, auch wenn ich sicher nicht alle Nuancen davon erfasst habe.

Bei vielen Menschen bestimmt allerdings eine einzige Freundschaft das Leben. Sie hat zu großen Einfluss, als dass man sie nicht hin und wieder überprüfen und ihren Wert oder ihre Konsequenzen hinterfragen müsste. Wir nehmen eine zerrüttete Freundschaft viel länger in Kauf als eine ungute Liebesbeziehung. Vielleicht weil eine kränkelnde Liebesbeziehung deutlichere Symptome aufweist. Beziehungsprobleme sind außerdem exakt das Szenario, bei dem wir uns am meisten auf den Rat unserer Freunde verlassen. Trennen wir uns von unserem Partner, sind es die besten Freunde, die uns trösten, uns beschäftigen, einen mit uns trinken gehen und uns wieder zum Lachen bringen. Wir vertrauen darauf, dass sie uns da schon irgendwie durchhelfen.

Im Falle der Trennung von meiner besten Freundin war unser beider Freundeskreis fast deckungsgleich; doch während ich in der Vergangenheit nicht davor zurückgeschreckt hatte, ihre Fehler mit den anderen durchzukauen, war mir das jetzt ein Graus. So isolierte ich mich zunehmend. Ich tat das Richtige, aber es war die einsamste Zeit meines Lebens.

Anschließend war ich einige Jahre lang seltsam freundschaftslos. Gut, ich spielte ein wenig mit Bekannten herum, aber es war nichts Ernstes. Letztlich habe ich mich auch wieder mit potenziellen Freundinnen getroffen, doch eine »beste Freundin« habe ich nicht mehr. Es gibt Frauen, die ich ungeheuer schätze und auf deren Rat ich mich in jeder Lebenslage verlasse – von den Dramen in der Arbeit bis zum Kopflausbefall meiner Kinder –, in spezielle Freundschaften lasse ich mich jedoch nicht mehr verwickeln. Ich klammere nicht mehr, versuche nicht, an etwas festzuhalten – und kann mich mit Lichtgeschwindigkeit aus dem Staub machen, wenn ich merke, dass ich diejenige bin, an die sich jemand klammert!

Ich sitze in der Achterbahn ganz entspannt neben diesen Frauen. Es geht rauf, es geht runter, aber keine klammert sich an die andere, keine kreischt den Namen der anderen. Das ist Liebe ohne Anhaften – und wenn sie in Freundschaften möglich ist, gibt es keinen Grund anzunehmen, dass sie in Liebesbeziehungen nicht möglich wäre.

Ich habe es nie bereut, die letzte Freindschaft beendet zu haben, ebenso wenig, wie meine letzte Freindin es bereut hat! Dank unseres alten Kumpels, des Internets, habe ich sie aus der Ferne im Auge behalten und weiß deshalb, dass sie eine steile Karriere hingelegt hat. Sie ist international anerkannt und gefeiert und mit einem wunderbaren alten Freund verheiratet. Ich freue mich sehr darüber, dass es ihr so gut geht, und gerate manchmal in Versuchung, sie zu kontaktieren, um ihr das zu sagen. Dann aber frage ich mich, warum. Was wäre meine Absicht? Im Buddhismus dreht sich alles um die Absicht. Gute Taten aus einer egoistischen Absicht heraus sind immer noch gutzuheißen, besser aber sind gute Taten aus guten Absichten heraus. Wollte ich ihr gratulieren oder mein Gewissen erleichtern, weil ich sie so schlecht behandelt habe? Vielleicht beides? Zerstört das eine das andere? Ganz ehrlich: Ich weiß es nicht, und ich weiß auch nicht, ob ich selbst nach all den Jahren die Kraft hätte, nicht wieder in eine destruktive Freundschaft zurückzufallen. Und so lasse ich es für den Moment auf sich beruhen.

Die amerikanische buddhistische Nonne Pema Chodron sagte einmal: »Wenn wir lernen, unsere Herzen zu öffnen, kann jeder, auch die Menschen, die uns in den Wahnsinn treiben, unser Lehrer sein.«

Wir können allerdings auch aus der Ferne lernen, wenn wir noch nicht die Kraft haben, ihnen anders als vorher zu begegnen – es sei denn natürlich, es handelt sich dabei zufällig um den Vater unserer Kinder. Dies ist die einzige Beziehung, die wir nicht »abstellen« oder hinter uns lassen können, Adrian wird also wohl für den Rest meines Lebens mein »Lehrer« sein. Na, dann versuche ich mal weiterhin, das Beste daraus zu machen!

Kernpunkte

- Es ist nicht das Geringste dagegen einzuwenden, andere zu lieben, ungesund ist einzig das Anhaften, das Festhalten und Klammern. Dieses Bedürfnis entfernt den Menschen, den wir lieben, von uns und kann nie wirklich gestillt werden.

- Anhaften, Festhalten und Begehren beruhen auf der irrigen Annahme, dass alles bleibt, wie es ist. Das Gegenkonzept des Anhaftens ist die Leere. Wollen Sie diesen Menschen oder diese Sache wirklich? Stellen Sie sich die Frage vom Standpunkt der Leere aus, und warten Sie ab, welche Antwort kommt.

- Beim Anhaften geht es immer um unsere Ängste – und die können wir nur selbst überwinden. Wer Entlastung und Befreiung in anderen sucht, wird immer enttäuscht werden. Befreien Sie sich selbst, und genießen Sie die Kameradschaft mit anderen Menschen.

- Anhaften, Festhalten und Klammern vertieft Beziehungen nicht, im Gegenteil. Es trägt sie ab, untergräbt sie, weil wir immer nur darauf reagieren, was wir uns von unserem Partner wünschen, nicht auf das, was tatsächlich ist. Das Ausmaß an Angst in einer Beziehung ist ein guter Indikator für das Ausmaß des Anhaftens.

- Freundschaften können ebenso vom Anhaften geprägt sein wie Liebesbeziehungen.

- Kein Mensch hat die Macht über unsere Gefühle. Wir entscheiden, wie wir auf andere Menschen reagieren.

- Eine Liebe ohne Anhaften ist möglich! Sie arbeiten bereits daran. In einer Beziehung ohne Anhaften sind beide Partner fähig, die Gesellschaft des anderen zu genießen, ohne mehr zu verlangen.

Selbstreflexion

- Wann waren Sie das letzte Mal richtig sauer auf jemanden oder über eine Situation und haben deswegen um sich geschlagen? Erforschen Sie Ihre Gedanken – woran hingen Sie wirklich bei dieser Gelegenheit? Was sollte Ihrem Wunsch nach geschehen, ist aber ausgeblieben?
- Gibt es eine belastete Beziehung voller Anhaften in Ihrem Leben, die Sie beenden können? Was spräche dagegen, sie zu beenden?
- Gibt es eine positive Beziehung ohne Anhaften in Ihrem Leben, aus der Sie Inspiration schöpfen können?
- Welche positiven Konsequenzen hätte eine Trennung? Legen Sie eine Liste an, damit Sie das nächste Mal nicht wieder in die Falle des Anhaftens tappen.

4

ACHTSAMKEIT

»Achtsamkeit« ist zweifelsohne eines der am meisten beanspruchten Schlagwörter der letzten Zeit – gleich neben »auf Augenhöhe«, »nachhaltig«, »transparent«, »proaktiv« und »authentisch«. Sie tauchen in jedem TED Talk auf YouTube auf und werden von den Pressestellen und Marketingabteilungen eifriger, aber einfallsloser Unternehmen umgehend annektiert (noch so ein Wort), um vom Krieg bis zur Zahnpasta allem einen scheinbar neuen Stempel aufzudrücken. Häufig werden sie vollkommen unpassend verwendet.

Ein wunderbares Beispiel dafür sind »Achtsamkeits-Malbücher«. Da hat irgendjemand einen komplett neuen Markt erschlossen, indem er (oder sie) mit dem Wort »Achtsamkeit« Erwachsene – seien wir ehrlich: erwachsene Frauen – vom höheren Zweck, ja sogar der Spiritualität des Ausmalens überzeugt hat. Brillant!

Das Problem dabei ist allerdings, dass Ausmalen zwar sicherlich eine entspannende und leicht hypnotisierende Beschäftigung ist, aber auch nicht »achtsamer« als Geschirrspülen oder Fußballgucken. Beim Ausmalen weicht man seinen Gedanken aus. Wahre Achtsamkeit besteht jedoch im Gegenteil darin, ganz bei seinen Gedanken zu bleiben und sich ihnen vollständig zu widmen.

Mit einem hübschen neuen Malbuch und einer 25er-Schachtel Buntstifte gelingt es Ihnen vielleicht, sich nach einem ärgerlichen Vorfall im Zusammenhang mit der Trennung wieder zu beruhigen – Achtsamkeit aber hilft Ihnen herauszufinden, was Sie eigentlich geärgert hat. Und wenn Sie das wissen, können Sie Strategien erarbeiten, wie Sie sich in Zukunft vor derlei Auslösern schützen. So etwas wie eine kugelsichere Weste für negative Emotionen. Das muss ein Ausmalbuch erst mal schaffen!

Achtsamkeit ist zu wichtig, zu schön und zu mächtig, als dass wir sie zu einer perfekt vermarkteten Modeerscheinung verwässern lassen könnten. Sie ist der Schlüssel zum Verständnis der buddhistischen Philosophie und unsere Möglichkeit, unser Leben spürbar zu verändern. Doch was genau ist Achtsamkeit denn nun?

In einem Artikel ist Achtsamkeit einmal als »absichtsvolles, nicht wertendes Gewahrsein der augenblicklichen Erfahrungen« definiert worden. Das klingt erst einmal nicht besonders greifbar, verdeutlicht aber, dass Achtsamkeit eine Art wissenschaftliche Untersuchung der eigenen Gefühle und Beweggründe ist. Durch Achtsamkeit versuchen wir, unsere emotionale Reaktion im Augenblick ganz ruhig zu betrachten und ihr auf den Grund zu gehen. Ziel ist, den Augenblick loszulassen und sich ganz und gar auf den, der folgt – immer also auf den gegenwärtigen Augenblick –, zu konzentrieren.

Dazu ein Beispiel.

Vor Kurzem habe ich am Flughafen ein Salatsandwich

und eine Banane gekauft. Ich legte beides auf den Tresen und bat zusätzlich noch um einen Kaffee.

> ACHTSAMKEIT bedeu-
> tet, sich dem gegen-
> wärtigen Augenblick zu
> widmen.

»Das macht dann 24 Dollar«, sagte die Frau an der Kasse.

»Nein, nein«, entgegnete ich, »ich zahle nur das Sandwich, die Banane und den Kaffee.« Ich dachte, sie hätte meine Bestellung mit der eines anderen Kunden verwechselt.

»Ich weiß«, schrie sie mich an. »Aber wir sind am Flughafen, und da kostet das eben so viel. Wollen Sie es jetzt oder nicht?!«

Huuuui!

Wie können wir diese Situation nun interpretieren? Eine Möglichkeit ist: Die Kassiererin war unnötig grob zu mir, machte mich absichtlich vor den anderen Kunden zur Schnecke – und zog mich obendrein noch finanziell über den Tisch.

Würde ich mich für diese Interpretation entscheiden, könnte ich im Gegenzug genauso grob zu ihr sein und ihr eine ordentliche Retourkutsche verpassen. Ich könnte ein richtig großes Fass aufmachen und sie meinerseits zusammenfalten. Ich könnte ihr das Sandwich an den Kopf werfen und ihr damit signalisieren, dass ich es *nicht* wollte. Ich könnte ihren Vorgesetzten verlangen und mich bei ihm beschweren. Doch wie auch immer: Die Sache würde damit kein gutes Ende nehmen. Zumindest hätte ich für den Rest des Nachmittags schlechte Laune und Hunger, und dafür bin ich absolut nicht der Typ. Ich will Frieden, verdammt noch mal!

Hier also eine andere Möglichkeit, mit der Situation umzugehen. Wenn ich mir eine Sekunde Zeit nehme, um mich zu sammeln, nachdem sie mich angebrüllt hat, kann ich das Ganze als vollkommen irrelevant abstreifen. Das ist im Grunde genommen ihr Trip und nicht mein Problem. Offensichtlich bin ich nicht die Erste, die sich über die Preise beschwert, und das geht ihr richtig auf die Nerven. Ich allerdings habe das nicht gewusst und kann auch nichts daran ändern, außer, sie nicht auch noch zu nerven. Ich muss mir bezüglich der Situation weder eine Meinung bilden, noch muss ich meine Verteidigungsmaschinerie in Gang setzen. Und wer weiß? Vielleicht sind nervige Kunden noch ihr geringstes Problem. Doch wie dem auch sei: Das hat nichts mit mir zu tun – es sei denn, ich ließe es zu, mich von ihr ärgern zu lassen. Und das wäre doch wirklich dumm, oder?

Statt mir also zu denken: »Was für eine Tussi. Wer glaubt sie, dass sie ist? So kann sie nicht mit mir reden, und das lasse ich sie jetzt auch wissen!«, könnte ich mir auch sagen: »Wow, der ist wirklich eine Laus über die Leber gelaufen! Armes Ding. Okay, hab ich alles? Wann geht der Flug noch gleich? Wohin muss ich noch mal?«

Wenn es mir gelingt, den Vorfall ohne jegliche emotionale Beteiligung an mir vorüberziehen zu lassen – und auch ohne Wertung, ob die Begegnung nun gut oder schlecht war –, ist es mir gelungen, mir durch Achtsamkeit meinen Frieden zu bewahren.

Na gut, ich bin mir sicher, bei diesem eher harmlosen Beispiel sind wir uns schnell einig. Doch zurück zum heiklen Thema der Reaktionen bei Trennungen.

Es gab eine Zeit, nachdem wir beschlossen hatten, uns scheiden zu lassen und nicht mehr gemeinsam zu wohnen, aber noch zusammenlebten, als Adrian plötzlich nicht mehr mit mir sprach. Wir kamen eigentlich ganz gut zurecht und versuchten, der Situation der Kinder wegen etwas Gutes abzugewinnen. Außerdem hatten wir eine Vereinbarung getroffen, die in meinen Augen sehr großzügig für Adrian ausfiel, und deshalb, das gebe ich zu, hatte ich das Gefühl, ein wenig Freundlichkeit zu verdienen. Stattdessen bekam ich unartikulierte Grunzlaute und keinen Augenkontakt. Alle meine alten Alarmglocken gingen gleichzeitig los.

Zuerst wollte ich instinktiv von Adrian verlangen, mich anders zu behandeln. Ich wollte ihm eine ganze Liste mit Argumenten an die Zimmertür nageln, warum er mir Dankbarkeit, Liebe und Respekt schuldete, und darauf bestehen, dass er mir all dies verflucht noch eins auch auf der Stelle zollen sollte! Und das hätte ich ein Jahr zuvor auch noch getan, als ich noch nicht nach buddhistischen Lösungen für mein Trennungsproblem gesucht hatte.

Ich kannte diese Auseinandersetzung bereits: Wir hatten uns schon unzählige Male darüber gestritten, ob Adrian mich so behandelte, wie ich es meiner Meinung nach verdient hatte, und nie war es gut ausgegangen. Die Achtsamkeit ermöglichte es mir, mich an diese wichtige Tatsache zu erinnern, und hielt mich davon ab, mich erneut in eine solche Situation zu verstricken. In dem Wirrwarr der Gedanken, die mir durch den Kopf gingen, als mir klar wurde, dass Adrian mich ignorierte, gelang es mir, den einen herauszugreifen, der da lautete: »Lass dich nicht in diese Situation verwickeln!«

Die Stunden, die ich zuvor damit verbracht hatte, mich mit ihm zu streiten, verbrachte ich stattdessen in ruhiger Kontemplation. Je mehr ich darüber nachdachte, desto mehr kristallisierte sich heraus, dass er bezüglich seines Auszugs wahrscheinlich die Hosen voll hatte. Er hatte Umzüge immer gehasst und nun vermutlich Angst vor den massiven Veränderungen in seinem Leben. Ich bin mir sicher, er hatte Angst vor der Zukunft, war wütend auf mich wegen der Rolle, die ich beim Scheitern unserer Ehe gespielt hatte, und traurig bei dem Gedanken daran, die Kinder nun nicht mehr jeden Tag sehen zu können. Doch zum allerersten Mal in unserer Beziehung ist es mir gelungen, mir klarzumachen, dass, was immer ihm Sorgen bereitete, absolut nichts mit mir zu tun hatte.

Und so verschwand es binnen weniger Minuten aus meinem Kopf – und zwar wirklich ganz. Weder brütete ich darüber nach, noch weinte ich, noch ließ ich es auf irgendeine andere Weise an mich heran. Ich *dachte* noch nicht einmal mehr daran, sondern ging schlicht zur Tagesordnung über. Nicht ohne einen Moment innezuhalten und mir selbst zu gratulieren, das muss ich zugeben. Damit hatte ich einen wirklich großen Schritt weg von alten Verhaltensmustern getan, und da darf man sich schon mal gratulieren. In diesem Augenblick hatte ich das Gefühl, dass alles gut werden würde. Dass es *mir* wieder gut gehen würde.

Adrian war an diesem Abend ebenso wenig für meine Stimmung und meine Gefühle verantwortlich wie die Kassiererin am Flughafen. Letztlich bin ich es, die für meine Gefühle verantwortlich ist, und ich will glücklich sein, ganz gleich, wie viele unhöfliche Deppen sich da draußen auch tummeln mögen.

Ich weiß aber auch, dass wir uns hinsichtlich unserer Reaktionen manchmal ungeheuer hilflos fühlen können, vor allem, wenn es sich dabei um Menschen handelt, die wissen, welche Knöpfe sie bei uns drücken müssen, damit wir in die Luft gehen. Ex-Partner beispielsweise. Unreflektierte Reaktionen ähneln Naturgewalten, und bevor man es sich versieht, hat man etwas gesagt oder getan, das man später bereut. »Es ist einfach mit mir durchgegangen!«, entschuldigen wir uns dann gern, doch mittlerweile ist es sogar wissenschaftlich bewiesen, dass wir unsere Reaktionen tatsächlich beeinflussen können – wenn wir uns nur immer wieder ermahnen, auf bestimmte Reize, etwa bei einem Beziehungsstreit, in Zukunft anders zu reagieren. Ich bin zwar keine Neurowissenschaftlerin und auch keine Meditationsmeisterin, aber ich habe gelernt, meine Reaktionen in bestimmten Situationen zu beeinflussen. Und zwar so erfolgreich, dass meine heutigen Kollegen mich ganz anders beschreiben würden als die, mit denen ich vor zehn Jahren zusammengearbeitet habe. Man könnte meinen, sie sprächen über zwei verschiedene Menschen. Leider hat das in meinem privaten Umfeld viel länger gedauert.

Für meine Ehe war es da schon zu spät, auch wenn Adrian heute zugibt, dass ich mittlerweile viel ruhiger geworden bin. Ich höre von ihm immer wieder, wie froh er ist, dass ich bei der einen oder anderen Gelegenheit nicht so ausgeflippt bin, wie er das befürchtet hatte. Denn in der Regel sind es unsere Partner, die die volle Wucht unseres unreflektierten emotionalen Chaos abbekommen. Wir lassen meist zu Hause Luft ab, doch wenn dort auch das Problem liegt, ist Luftablassen gleichbedeutend mit Streit. Und das kann leicht eskalieren.

Einer der Vorteile unserer Trennung ist meine emotionale Unabhängigkeit. Ich war emotional enorm von Adrian abhängig, nur er konnte mich trösten, besänftigen, gütig stimmen. Doch als unsere Beziehung mein Hauptproblem wurde, musste ich lernen, mich selbst zu trösten. Und dabei hat mir vor allem die Achtsamkeit geholfen.

Sie kann auch Ihnen helfen. Sehen wir uns an, wie.

Das wirkungsvollste Mittel, Achtsamkeit zu lernen, ist die Meditation. Die allerdings, dessen bin ich mir durchaus bewusst, erscheint den meisten Menschen schwierig oder ängstigt sie sogar. Als ich vorhin von Wissenschaft sprach, bezog ich mich auf Studien, die belegen, dass die Meditation über bestimmte Umstände oder Tatsachen uns dabei hilft, uns auch für den Rest des Tages an sie zu erinnern und sie in unseren Alltag zu integrieren. Die Forscher nennen dies Neuroplastizität – die Art und Weise, auf die sich das Gehirn in Reaktion auf seine Umgebung neu organisiert. Und je mehr wir unserem Gehirn sagen, *wie* es reagieren soll, desto mehr gewöhnt es sich diese Reaktion als instinktive Verhaltensweise an.

Je länger wir über Achtsamkeit meditieren, desto achtsamer sind wir auch im Alltag, wenn wir nicht meditieren. Je mehr wir uns auf Frieden und Stille konzentrieren, desto stiller und friedlicher werden wir, und so weiter. Verändern wir unsere Gedanken, verändern wir unsere Reaktionen – und unsere Realität.

Und wie geht das nun, das Meditieren?

Zuerst brauchen Sie dafür einen ruhigen Ort. Es muss dort nicht still sein – zum Glück, denn den gibt es in meiner Umgebung in einem Umkreis von hundert Kilometern nicht. Sie müssen es nur bequem haben, und es sollte einigermaßen sichergestellt sein, dass Sie eine Zeit lang ungestört sind. Wenn Sie mir auch nur im Entferntesten ähneln, lassen Sie sich schon vom Geräusch einer eintreffenden Mail ablenken; schalten Sie also alle elektronischen Geräte um sich herum stumm oder am besten gleich aus. Folgen Sie einer geführten Meditation mittels Handy-App, stellen Sie es auf Flugmodus, denn mit Sicherheit werden in den nächsten Minuten Gott und die Welt inklusive einiger verschollener Verwandte plus Telefonverkäufer bei Ihnen anrufen und/oder Ihnen eine Nachricht schicken.

Wenn möglich, zünde ich beim Meditieren gern Räucherstäbchen an. Das versetzt mich in die gewünschte Stimmung, in die ich mit der Zeit immer schneller komme. Das Räucherstäbchen signalisiert mir gewissermaßen, dass es jetzt Zeit zum Meditieren und Ruhigwerden ist; darüber hinaus verleiht es der Situation einen zeremoniellen oder zumindest rituellen Charakter, den ich durchaus reizvoll finde (zweifelsohne ein Relikt aus meiner katholischen Kindheit).

Sitzen Sie bequem, beginnen Sie mit dem Atmen. Offensichtlich haben Sie das die ganze Zeit über schon getan, nun aber atmen Sie *bewusst*. Lauschen Sie auf Ihren Atem, spüren Sie ihn. Bei einer geführten Meditation werden Sie vermutlich angewiesen, einige tiefe Atemzüge zu tun, was Sie wahrscheinlich aber ohnehin schon machen. Wenn wir uns nämlich auf unseren Atem konzentrieren, respektieren wir ihn mehr und haben mehr Freude an ihm.

Spüren Sie nach, wie sich Ihr Körper im Rhythmus des Ein- und Ausatmens bewegt. Hebt sich Ihre Brust? Wölbt sich die Bauchdecke? Wo befindet sich Ihr Atem gerade? Welcher Teil Ihres Körpers senkt sich zuerst? Lauschen Sie weiter, und folgen Sie Ihrem Atem, während er wie Ebbe und Flut in Ihren Körper hinein- und wieder aus ihm hinausfließt. Spüren Sie, wie er durch Ihre Nasenflügel in den Körper gelangt und ihn über Ihre Lippen wieder verlässt. Dieses Immer-wieder-zum-Atem-Zurückkehren bildet den Ausgangspunkt der Meditation. Wann immer Sie spüren, dass ein Gedanke Sie ablenkt oder Sie sogar einschläfert, kehren Sie zu Ihrem Atem zurück – konzentrieren Sie sich wieder darauf, ihn zu spüren und ihm zu lauschen.

Am Anfang ist es unvermeidlich, dass Gedanken Ihren Kopf stürmen. Selbst der Gedanke daran, ob die Meditation nun »funktioniert« oder nicht, wird Sie von der eigentlichen Meditation ablenken. Doch keine Panik: Das ist ganz normal. Nehmen Sie jeden Gedanken, der in Ihrem Kopf auftaucht, wahr, und lassen Sie ihn dann ziehen. Dabei könnte sich Ihr innerer Monolog etwa wie folgt anhören: »Oh, mir fällt gerade ein, dass das Handy meines Ex-Mannes noch auf meinen Namen läuft. Okay, darum kümmere ich mich später, und jetzt raus mit dir.« Und zurück zum Atem. »Wow, ich glaube, ich meditiere gerade richtig, aber jetzt schon nicht mehr, weil ich ja darüber nachdenke. Na gut, noch mal von vorn«, und wieder zum Atem. »Pa pa pa poker face, pa pa poker face, ma ma ma ma … oh nein, ich singe innerlich Lady Gagas ›Poker Face‹, statt zu meditieren! Raus mit dir, Lady Gaga«, und zurück zum Atem.

Mit der Zeit werden die Phasen der Meditation zwischen den ablenkenden Gedanken immer länger und Lady Gagas größte Hits immer leiser. Zumindest war es bei mir so.

Die eigenen Gedanken zum Schweigen zu bringen ist eine Sache – eine andere ist es, real physische Ablenkungen ziehen zu lassen, ohne dass sie uns ablenken. Bellende Hunde, laute Nachbarn, zankende Kinder im Zimmer nebenan, all das soll letztlich wie ein willkürlicher Gedanke wahrgenommen, aber nicht bewertet werden. Mit anderen Worten: Unser Ziel ist es, all das nicht an uns herankommen zu lassen.

Die normale Reaktion wäre folgende: Wir schreien die Kinder an, sie sollen endlich aufhören, sich zu streiten, und die Klappe halten, denn wir verlangen ja wirklich nicht viel von ihnen, und da muss es doch möglich sein, im eigenen verdammten Haus mal fünf Minuten Ruhe zu haben, und wenn jetzt nicht Schluss ist, gibt's später auch keine Pommes, basta! Unsere Aufgabe während der Meditation ist hingegen die, den Krach aus dem Nebenzimmer zur Kenntnis zu nehmen, ohne dabei auch nur das leiseste Geräusch zu machen oder sich auch nur einen Millimeter zu bewegen – und die Aufmerksamkeit dann wieder auf den Atem zu richten. Wir wollen lernen, das, was geschieht, in dem Moment, in dem es geschieht, wie Zeugen wahrzunehmen und es dann vorüberziehen zu lassen.

Je geübter Sie darin sind, desto leichter wird es Ihnen fallen, beliebige Vorkommnisse auch im Alltag einfach wahrzunehmen, ohne sich emotional in sie zu verstricken. Das ist die wahre Bedeutung von Achtsamkeit.

Stellen Sie sich vor, Sie könnten das Verhalten Ihres

Ex-Partners zur Kenntnis nehmen, ohne emotional involviert zu sein. Stellen Sie sich vor, Sie hören die neugierigen Fragen Ihrer Eltern, bemerken das Mitleid Ihrer glücklich verheirateten Freunde und die Häme Ihrer Freundinnen – und gehen dann schlicht zur Tagesordnung über, emotional vollkommen frei. Darauf lohnt es sich doch hinzuarbeiten, oder etwa nicht?

Gut, denn Meditieren ist tatsächlich schwer und erfordert einige Mühe. Viele geben auf, weil es »irgendwie nicht funktioniert«, doch wenn wir mal ehrlich sind, funktioniert vieles von dem, was wir tagtäglich tun, irgendwie nicht. Hier schafft die geführte Meditation – keineswegs »Schummelei« – Abhilfe. Seine Heiligkeit der Dalai Lama sagt immer, besser nur fünf Minuten am Tag meditieren als überhaupt nicht, und ich bin mir sicher, er würde auch eine fünfminütige geführte Meditation absegnen, wenn sie uns zu einer regelmäßigen, beständigen Praxis führt.

Geben Sie nicht nach dem ersten Versuch auf. Nehmen Sie sich jeden Morgen erneut vor zu meditieren, versuchen Sie immer wieder, innezuhalten und darüber nachzudenken, was wirklich in Ihrem Kopf vor sich geht. Bleiben Sie dran.

Wenn es in Ihrer Umgebung an ruhigen Orten mangelt, wie das bei mir der Fall ist, improvisieren Sie. Als Alternative kämen beispielsweise Meditationskurse infrage, und wenn Ihnen dafür die Zeit fehlt, ist auch das Auto ein erstklassiger Rückzugsort. Ich stelle es auf meinem Weg zur und von der Arbeit an einem Park oder am Strand ab und spiele eine fünfminütige geführte Meditation ab. Wenn ich ohne Führung meditiere, neige ich dazu einzuschlafen; bei geführten Meditationen ertönt am Ende ein Gong oder ein Glöckchen, das den Meditierenden sanft wieder in den Alltag entlässt.

Bei der Achtsamkeit geht es nicht nur darum, sich in gute Stimmung zu versetzen, sie ist auch für den praktischen Alltag und die geistige Gesundheit enorm wichtig. Zu meinen liebsten buddhistischen Autoren und Gelehrten gehört der vietnamesische Mönch Thich Nhat Hanh. Er beschreibt die Bedeutung der Achtsamkeit folgendermaßen: »Unser wahres Zuhause liegt nicht in der Vergangenheit. Unser wahres Zuhause liegt nicht in der Zukunft. Unser wahres Zuhause ist das Hier und Jetzt. Dies ist der Ort, an dem das Leben stattfindet.«

Das Leben findet im Hier und Jetzt statt. Die Vergangenheit ist vorbei, wir haben keinen Einfluss mehr auf sie. Die Zukunft ist voller Unbekannter; wir können nicht wissen, was sich in unserem Leben ereignen wird – noch nicht einmal, was in einer Minute sein wird – und den Lauf der Dinge möglicherweise verändert. Wie heißt es so schön? »Wenn du Gott zum Lachen bringen willst, erzähle ihm von deinen Plänen.« Davon kann beispielsweise jeder, der kleine Kinder hat, ein Lied singen! Tag für Tag müssen wir unendlich viele Hindernisse umschiffen, und es gibt niemanden, dem wir die Schuld daran geben könnten. Von der Autopanne bis zur ernsthaften Erkrankung – die Zukunft steckt voller Überraschungen. Und das ist das Einzige, das wir mit Sicherheit sagen können.

Wer sich allzu sehr auf die Zukunft konzentriert, gerät in vielerlei Hinsicht in Schwierigkeiten. Bei der minutiösen Planung muss nur irgendetwas schiefgehen, und schon ist die ganze schöne Planung im Eimer. Manch einer plant nur noch und vergisst darüber das Handeln – ganz zu schweigen von den vielen verpassten Gelegenheiten. Und wie viele Pläne lassen sich schließlich gar nicht in die Tat umsetzen, weil das Leben nun mal ist, wie es ist?

Natürlich ist ein absolut planloses Leben auch keine Option. Wir können nicht immer unseren Impulsen folgen (und das ist auch gut so, wenn der Impuls etwa darin besteht, nackt das Haus zu verlassen, das Auto des Ex abzufackeln und die gesamten Ersparnisse für eine Prada-Tasche auszugeben). Es ist durchaus sinnvoll, sich über mögliche Konsequenzen des eigenen Handelns im Voraus Gedanken zu machen, und auch die Absicht, morgen und übermorgen und den Tag darauf auch wieder arbeiten zu gehen, ist hilfreich, wenn wir uns und unserer Familie ein einigermaßen sicheres Zuhause schaffen wollen. Nicht sinnvoll hingegen ist es, das Hier und Jetzt zugunsten unserer Tagträume oder unserer Zukunftsängste zu ignorieren.

So ähnlich müssen wir auch die Vergangenheit reflektieren und Bilanz ziehen, vor allem nach einer Trennung. Wir müssen bezüglich unserer Fehler ehrlich sein und uns über potenzielle ungute Verhaltensmuster klar werden. Allerdings hat es keinen Zweck, jedes einzelne Detail im Geiste wieder und wieder durchzukauen, zu beschließen, nie wieder jemandem zu vertrauen, oder alte Zustände wiederherstellen zu wollen. Nichts davon führt zu Glück oder Frieden.

> *Wer deprimiert ist,*
> *lebt in der Vergangenheit.*
> *Wer Angst hat, lebt in der Zukunft.*
> UNBEKANNT

Es gibt zwei Alarmglocken in unserem Kopf, die schrillen, wenn wir uns gefährlich weit von der Achtsamkeit entfernen: Depressionen und Angst. Wir müssen aufhören, sie zu ignorieren, und dürfen sie auch nicht mit irgendwelchen schädlichen Substanzen unterdrücken.

Wenn ich deprimiert bin, frage ich nach dem Warum. Meist ist mir irgendetwas, das ich gesagt oder getan habe, unangenehm oder peinlich, oder ich steigere mich in etwas hinein. Ich konzentriere mich also immer auf etwas in der Vergangenheit, das ich nicht mehr ändern kann, das mich dafür aber von der Gegenwart ablenkt oder sogar abschneidet. Dann erinnere ich mich daran, die Begebenheit loszulassen und in die Gegenwart zurückzukehren, denn der Weg in die Vergangenheit ist immer eine Sackgasse.

Genauso gehe ich vor, wenn ich Angst habe. Meist mache ich mir dann Sorgen um etwas, das in der Zukunft liegt. Ich fürchte, einen Job, den ich unbedingt haben will, nicht zu bekommen, nicht gut genug zu sein oder dass mir eine furchtbare Woche bevorsteht, weil ich mir zu viel vorgenommen habe. Natürlich hilft es wenig, sich deshalb Sorgen zu machen – dadurch wird es nur schwerer, und obendrein macht es mich reizbar, was sich wiederum negativ auf mein Verhältnis zu meinen Mitmenschen auswirkt.

Für mich sind Depression und Angst inzwischen zu

Indikatoren geworden, dass ich nicht im Hier und Jetzt, nicht achtsam lebe. Selbstverständlich war es deprimierend, einsehen zu müssen, dass mein Ehemann mich nicht mehr liebt, und so beschäftigte ich mich andauernd mit der Zeit in meinem Leben, als das noch der Fall war. Ich sehnte mich nach dieser Zeit zurück, trauerte, dass sie vorüber war, und gab Adrian die Schuld an meiner Traurigkeit. Die Vorstellung, im Leben ohne seine Zuneigung zurechtkommen zu müssen, machte mir große Angst. Ich lag nachts wach und erschuf im Geiste ein furchterregendes Zukunftsszenario nach dem anderen, von denen ich nicht den blassesten Schimmer hatte, wie ich sie ohne ihn durchstehen sollte. Was, wenn ich den Rest meines Lebens allein verbringen müsste oder – schlimmer – jemanden in mein Leben ließ, der einem oder allen von uns wehtat? Was, wenn meine Kinder plötzlich mit einem Stiefvater dasaßen, den sie hassten? Was, wenn ich mit dem Alleinerziehen der Kinder überfordert wäre? Was? Was?? *Was???*

Um mit Depressionen und Ängsten umzugehen, musste ich mir eine neue Verhaltensweise angewöhnen: einen Moment innehalten und mich sammeln. Im Grunde geht es also darum, nicht sofort zu reagieren. Auch wenn es vielleicht seltsam anmuten mag, nehme ich mir ein paar Sekunden Zeit – manchmal sogar mitten in einem Gespräch – und erforsche meine wahren Gefühle. So vermeide ich eine Reaktion, die ich später bereue. Wenn jemand beispielsweise unhöflich zu mir ist, warte ich einen Augenblick und überlege, was ich als Nächstes sagen oder tun sollte, statt auszuholen und draufzuhauen mit allem, was mir gerade in die Finger kommt. Manchmal wird mir dann klar, dass ich etwas falsch verstanden habe oder dass derjenige gar nicht weiß, dass er unhöflich war. Häufig erkenne ich dann auch, dass die negative Reaktion, zu der ich mich beinahe hätte hinreißen lassen, nicht gerechtfertigt oder unnötig gewesen wäre.

Es gibt natürlich auch andere Fälle. Unterhalte ich mich etwa mit jemandem, der sich als Vollidiot entpuppt, den ich verbal am liebsten in Stücke reißen würde, ziehe ich es hin und wieder vor, mich zurückzuziehen, vielleicht mit den Worten: »Ich geh dann mal lieber, sonst sage oder tue ich noch etwas, das ich bereue. Wir sprechen später darüber.«

Die Angewohnheit, sich zu sammeln und rasch Bestand aufzunehmen, was wirklich gerade geschieht, wenn sich Ihr Puls beschleunigt und Ihr Auge nervös zuckt, kann Ihr Leben verändern. Sie werden staunen, wie viele Dramen sich plötzlich in Luft auflösen! Wie oft haben Sie sich schon an eine Situation erinnert und sich gewünscht, Sie hätten sich damals anders verhalten? Wäre Ihnen dieser Gedanke in der Situation selbst gekommen, hätte sicherlich einiges verhindert werden können. Sich zu sammeln, bevor man reagiert, ist gelebte Achtsamkeit.

Dazu wieder ein Beispiel. Als Adrian und ich noch auf demselben Grundstück wohnten – ich im Haus, er in der Einliegerwohnung –, kam mir zu Ohren, dass Adrian Kontakt mit einer Frau aufgenommen hatte, die wir beide kannten. Ich hatte mir immer schon gedacht, dass sie sein Typ war (eine jüngere, unbeschwertere Version von mir), war aber schockiert, dass er offensichtlich mit dem Gedanken spielte, sich mit ihr zu verabreden. Ob er wirklich an einer Beziehung mit ihr interessiert war oder nicht, weiß ich nicht, meine erste Reaktion können Sie sich aber sicherlich vorstellen. Ich wurde hart auf die Probe gestellt: Natürlich war ich eifersüchtig und verletzt, und sowohl Depression als auch Angst traten umgehend in Aktion.

Ich dachte kurz an eine Reaktion, die definitiv negative Folgen gehabt hätte: bei ihm reinzuplatzen und ihn wissen zu lassen, dass ich Bescheid wusste, nur so, als Machtspielchen, um ihn in Verlegenheit zu bringen, ihn runterzuputzen und ihn meine Allwissenheit spüren zu lassen. Er solle sich ja vorsehen, mit irgendwelchen Frauen Party zu machen, während meine Kinder in der Nähe waren. Mir war zwar klar, dass er das niemals übers Herz bringen würde, doch ich war entschlossen, so zu tun, als machte ich mir deswegen Sorgen. Mit anderen Worten: Mein erster Impuls war, mich wie ein Miststück aufzuführen.

Stattdessen hielt ich einen Augenblick inne, um mich zu sammeln.

Ich legte mich aufs Bett, sah an die Decke, atmete tief ein und aus und dachte nach. Ich konzentrierte mich darauf, dass es zwischen Adrian und mir gerade wirklich gut lief. Damit wäre Schluss, würde ich ihm wegen der anderen Druck machen – das Vertrauensverhältnis, das wir mittlerweile als Freunde aufgebaut hatten, wäre zerstört. Ich ermahnte mich, dass er jedes Recht hatte, sich wieder ins Leben zu stürzen, und dass er im Grunde rein gar nichts falsch gemacht hatte. Ich sagte mir immer wieder, dass dies eine ausgezeichnete Gelegenheit für mich war zu üben; schaffte ich dieses erste Mal, gut mit so einer Situation umzugehen, würde es nie wieder so wehtun.

Kurz darauf kam Adrian zu uns herübergeschlendert und berichtete den Kindern aufgeregt von einem neuen Lego-Bausatz, der bei ihm auf sie wartete. Während er redete wie ein Wasserfall, biss ich mir auf die Zunge. Am liebsten hätte ich ihm eine saftige Ohrfeige verpasst, doch ich hielt mich zurück. Wieder und wieder rief ich mir ins Gedächtnis, warum es besser war, so zu tun, als wüsste ich von nichts. Und so verging der Tag; die Kinder liefen zwischen Haus und Einliegerwohnung hin und her, und ich beruhigte mich allmählich. Nachdem ich sie gebadet, in ihre Pyjamas gesteckt und zu ihm ins Bett geschickt hatte, war ich wieder vollkommen mit mir und der Situation im Reinen. Den Abend verbrachte ich zufrieden mit einem Glas Wein und meinem neuen wundervollen Lebenspartner Netflix. Der Tag hätte auch ganz anders enden können, für uns alle. Doch für mich war es ein Tag der gelebten Achtsamkeit.

Apropos Wein: Substanzen wie Alkohol oder andere potenzielle Suchtmittel sind ein weiteres Warnsignal, das nicht ignoriert werden sollte.

Da ich früher damit Probleme gehabt habe, weiß ich heute, dass etwas nicht stimmt, wenn mir unter der Woche nach einem Glas Wein zumute ist. Das muss bei Ihnen nicht auch so sein, bei mir bedeutet es definitiv, dass etwas ins Ungleichgewicht geraten ist. Wenn ich mich wohlfühle, denke ich kaum an Alkohol, denn eigentlich trinke ich ihn gar nicht besonders gern. Als ich jünger war, habe ich bei Depressionen und Angstzuständen jedoch häufiger zu Amphetaminen und anderen Pillen sowie zu Marihuana und sogar Heroin gegriffen. Ich hatte damals noch nie davon gehört, dass Alkohol- oder Drogenmissbrauch Anzeichen einer psychischen Erkrankung sein können – ich dachte, ich hätte Spaß und wäre cool. Irgendwann wurde mir dann klar, dass weder das eine noch das andere zutraf und dass der Konsum der genannten Substanzen meine Art war, mit belastenden Emotionen fertigzuwerden.

Versuchen auch Sie, sich damit vom Trennungsschmerz abzulenken? Dann sollten Sie sich vielleicht Hilfe holen. Ein klarer Kopf ist die wichtigste Voraussetzung, nach einer Trennung wieder zu sich zu finden.

Es ist ganz normal, dass bei einer Trennung viel Staub aus der Vergangenheit aufgewirbelt wird und plötzlich verborgene Zukunftsängste an die Oberfläche treten. Leider lässt sich dieses Problem nicht mit einem Fingerschnippen aus der Welt schaffen, auch wenn wir uns das noch so sehr wünschen. Ich kann Ihnen nur raten, sich in dieser schweren Zeit um sich selbst zu kümmern, damit Sie sich so schnell wie möglich wieder erholen. Und das fängt mit dem unermüdlichen Versuch an, im Augenblick zu leben.

Für mich war es am schwersten, nicht mehr über die glücklichen Zeiten meiner Ehe nachzudenken und die Momente festhalten zu wollen, in denen ich mich geliebt und geborgen gefühlt hatte. Diese Erinnerungen durchbohrten mein Herz wie spitze Dolche und warfen mich zurück. Ich musste sehr streng mit mir sein, wann immer eine dieser Erinnerungen in meinem Kopf auftauchte, musste sie beiseiteschieben und mich mit aller Kraft wieder auf die Gegenwart konzentrieren. Mit der Zeit konnte ich sie dann sogar wieder genießen – vorausgesetzt, ich blieb achtsam und ehrlich bezüglich der Gefühle, die sie auslösten.

Kernpunkte

- Achtsamkeit bedeutet, die Aufmerksamkeit auf die Gegenwart zu richten. Sie unterstützt uns darin, uns unsere Gefühle und unsere Beweggründe bewusst zu machen und mit klarem Kopf in der Welt zu agieren – ungetrübt durch vergangene Ereignisse oder Ängste bezüglich der Zukunft.

- Eine Trennung gibt uns das Gefühl, als sei das Leben, wie wir es kannten, vorüber – der ideale Nährboden für das chaotische Hin-und-Her-Wechseln zwischen Vergangenheit und Zukunft. Die Achtsamkeit bringt uns wieder in die Gegenwart zurück.

- Trennungen stecken voller reflexhafter emotionaler Reaktionen. Durch die Achtsamkeit gewinnen wir Zeit, darüber nachzudenken, wie wir reagieren wollen, was uns vor folgenschweren Taten bewahrt. Wenn wir unsere Reaktionen verändern, verändern wir auch unsere Realität.

- Durch Meditation können wir Achtsamkeit zu einer Gewohnheit machen. Selbst fünf Minuten Meditation pro Tag bringen erhebliche Vorteile mit sich.

- Planen und Bilanz ziehen sind vernünftig und hilfreich im Leben, sich allzu sehr mit der Vergangenheit oder

der Zukunft zu beschäftigen und dabei die Gegenwart aus den Augen zu verlieren dagegen nicht. Nehmen Sie sich die Zeit, darüber nachzudenken, was in der Beziehung schiefgelaufen ist und welche Zukunft Sie sich wünschen – und kehren Sie dann ins Hier und Jetzt zurück.

Selbstreflexion

- Wie könnten Sie mehr Achtsamkeit in Ihr Leben bringen? Wann und wo könnten Sie täglich meditieren – und seien es nur fünf Minuten?
- Sind Sie deprimiert oder ängstlich? Wenn Sie deprimiert sind, leben Sie in der Vergangenheit.[*] Sind Sie ängstlich, leben Sie in der Zukunft.
- Versuchen Sie, den Schmerz der Trennung mit Substanzen jedweder Art zu betäuben? Kümmern Sie sich jetzt um sich und holen Sie sich Hilfe, wenn Sie Hilfe brauchen.

---

[*] Dazu muss gesagt werden, dass wir hier eher von depressiven Verstimmungen sprechen, die in der Regel einen Grund haben, nicht von einer klinischen Depression. Letztere tritt auch ohne erkennbares Trauma oder vorhergehende traumatische Ereignisse auf. Nehmen Sie Ihre geistige Gesundheit dennoch nicht auf die leichte Schulter: Suchen Sie sich professionelle Hilfe, falls Sie das Gefühl haben, aus dem Gleichgewicht geraten zu sein.

5

LEIDENSCHAFTEN, DIE DEN GEIST TRÜBEN

»Trüben« ist ein tolles Wort, nicht? In den letzten Jahren meiner Ehe gab es definitiv Zeiten, in denen ich mich »getrübt« gefühlt habe. Getrübt, betrübt, gestört, irre, erbärmlich und nicht wiederzuerkennen, um nur ein paar zu nennen. Ich habe Geschirr zerschlagen, mich geschnitten und ein Auto absichtlich zu Schrott gefahren. Ich habe Adrian an einem thailändischen Flughafen sitzen lassen, ihm in einer Bar in Brisbane eine runtergehauen und einem völlig Fremden in einem Zug in Deutschland etwas vorgeheult. Oder wie ein weiser Mann einst sagte: »I've done all the dumb things«.

Buddha sagt dazu, dass man sich den Emotionen, die diesem Verhalten zugrunde liegen, stellen muss.

Diese den Geist trübenden Leidenschaften, wie sie im Buddhismus heißen, sind leicht zu identifizieren. Es sind Wut, Gier, Eifersucht, Hass, Stolz, (Selbst-)Täuschung und Verbitterung. Meiner Meinung nach all die oberflächlichen, defensiven Emotionen, mit denen wir unsere tiefer liegenden, verletzlicheren Gefühle kaschieren. Ich z. B. hege eine tief sitzende Angst vor Ablehnung und Zurückweisung, weshalb ich oft mit Wut und Feindseligkeit reagiere, wenn

Adrian mich zu ignorieren scheint. So kann ich mich vor dem schmerzhaften Gefühl, zurückgewiesen zu werden, schützen. Diese Angst ist auch die Ursache zahlloser heftiger, hässlicher Auseinandersetzungen, bei denen unzählige andere kontroverse Themen auf den Tisch kommen, was nicht selten damit endet, dass einer von uns oder wir beide etwas ausgesprochen Dummes anstellen, das wir später bereuen, bedauerlicherweise manchmal sogar in einem fremden Land.

Das *Große tibetische Wörterbuch (Bod kyi tshig mdzod chen mo)* definiert den Geist trübende Leidenschaften als »geistige Ereignisse, die uns zu untugendhaften Handlungen verleiten und großen Unfrieden in uns stiften«.

> DEN GEIST TRÜBENDE LEIDENSCHAFTEN sind Emotionen, mit denen wir uns schützen und die in schwierigen Situationen aus uns herausbrechen.

Mit anderen Worten: Diese Leidenschaften entstehen in unserem Kopf (geistige Ereignisse), sorgen dafür, dass wir uns wie Idioten aufführen (verleiten uns zu untugendhaften Handlungen), und bescheren uns jede Menge Probleme (stiften großen Unfrieden).

Unsere Probleme werden generell von unseren eigenen Handlungen und/oder Reaktionen auf unsere Gefühle verursacht, nicht von denen anderer. Wir sind für unsere Gefühle höchstselbst verantwortlich. Lernen wir, sie zu beherrschen, können wir auch unsere Handlungen beherrschen und uns selbst so viel weniger Probleme bereiten.

Genau betrachtet ist das eine geradezu revolutionäre Erkenntnis. Normalerweise versuchen wir, uns nicht mehr schlecht zu fühlen, weil wir uns dabei nun einmal schlecht fühlen, und basta. Buddha aber richtet sein Augenmerk noch auf etwas anderes: Unsere Gefühle verursachen außerdem ungute Verhaltensweisen und rauben uns den inneren Frieden.

Für Buddha geht es letztlich nicht um Glück, sondern um *inneren Frieden*. Eine wichtige Unterscheidung. Als mein Ex-Mann und ich versuchten, durch die trügerische See unserer Trennung zu schippern, stellte sich heraus, dass ich meinen *Frieden* mit bestimmten Vereinbarungen und Kompromissen machen konnte, wenngleich ich mit ihnen nicht sonderlich *glücklich* war.

Glück hat auch Nachteile: Es kann sich z. B. leicht in Gier verwandeln. Was mich heute glücklich macht, reicht morgen vielleicht schon nicht mehr aus. Frieden ist ein viel langfristigeres Konzept. Dabei geht es um Akzeptanz. Ich bin also nicht besonders glücklich mit bestimmten Punkten unserer Übereinkunft, akzeptiere aber den Kompromiss als Preis dafür, eigene Wege zu gehen, und habe meinen Frieden damit gemacht.

Innerer Frieden ist das wichtigste Ziel im Buddhismus. Es ist bei Weitem kein egoistisches Ziel, denn die Buddhisten glauben, ein friedfertiger Mensch ist auch für die anderen Menschen von größerem Nutzen als ein Mensch, der seinen Frieden noch nicht gefunden hat. Wie wir wissen, glaubte Buddha, dass wir alle miteinander verbunden sind, und so ist es für die Welt enorm wichtig, dass wir uns emotional beherrschen und Frieden finden. Ich kann die Auswirkungen, die mein innerer Frieden – oder das Fehlen desselben – auf die Welt meiner Kinder hat, jeden Tag beobachten. Im Gegensatz zu Erwachsenen geben sie sich nämlich nicht damit zufrieden, mir einfach aus dem Weg zu gehen und hinter meinem Rücken über mein schlechtes Benehmen zu lästern, wenn sich bei mir den Geist trübende Leidenschaften manifestieren. Habe ich meinen inneren Frieden verloren, steht das in ihren traurigen kleinen Gesichtern geschrieben, und das ist furchtbar.

Sich in angemessener Weise mit den Geist trübenden Leidenschaften auseinanderzusetzen bedeutet nicht, sie zu verdrängen oder ein Lächeln vorzutäuschen – es bedeutet vielmehr, ehrlich zu uns selbst zu sein, uns in Disziplin zu üben und die Verantwortung für unsere Gefühle zu übernehmen. Das ist harte Arbeit, lohnt sich aber; wenn Sie die Herausforderung annehmen, wird sich dies positiv auf alle Aspekte Ihres Lebens auswirken.

Die bei Trennungen am häufigsten auftretenden, den Geist trübenden Leidenschaften sind Wut, Eifersucht und Stolz. Die möchte ich nun nacheinander angehen.

Wut

Buddha zufolge sind unsere Gefühle also unsere Angelegenheit. Er lehrte, dass nur wir selbst sie beherrschen können. Es sind nicht die anderen, die uns wütend *machen,* wir *reagieren* wütend auf das Verhalten anderer. Und deshalb sind wir frei, anders darauf zu reagieren.

Wer wenn nicht der Ex böte sich förmlich an, die Schuld dafür, dass wir uns elend fühlen, in die Schuhe geschoben zu bekommen? Denn war das anfänglich nicht auch derjenige, der uns angeblich glücklich gemacht hat? Also ist er auch bestimmt an unserem Unglück schuld. Ein unbekanntes Genie hat das einmal so formuliert: »An der eigenen Wut festzuhalten ist wie Gift zu trinken und zu erwarten, dass der andere daran stirbt.«

Der wichtigste Grund, die Verantwortung für unsere Wut zu übernehmen und sie zu beherrschen, ist, dass sie *uns* schadet, nicht dem anderen. Und zwar sehr schadet – es reicht also nicht, zu hoffen und zu beten, dass uns jemand anders davon befreit. Das müssen wir schon selbst erledigen.

Seien wir mal ganz ehrlich: Hat Ihnen Ihre Wut schon einmal etwas genützt? Haben Sie damit schon einmal andere herumkommandiert? Hat Ihr Ex nachgegeben, wenn Sie wütend wurden? Sind Ihre Kinder extrabrav, wenn sie spüren, dass Sie sauer sind? Haben Sie auf diese Weise auch von Ihren Eltern bekommen, was Sie wollten? Dann haben Sie Verhaltensmuster entwickelt, an Ihrer Wut festzuhalten, weil sie Ihnen nützlich war. Aber glauben Sie mir: Auf lange Sicht trifft das nicht zu.

Ich schäme mich, das zuzugeben, aber ich habe mit meiner Wut tatsächlich meinen Mann manipuliert. Das hat eine Weile auch ganz gut geklappt, denn er reagierte darauf mit Zuneigung und Aufmerksamkeit. Doch eines Tages hörte das auf, und die Wut wurde zu einem unserer größten Eheprobleme. Adrian versuchte nicht nur nicht mehr, meine Wut zu lindern, irgendwann war es ihm – pardon – auch scheißegal, ob ich wütend war oder nicht, und er benahm sich absichtlich so, dass ich unweigerlich wütend werden musste. Ich behaupte sogar, dass es ihm zu dieser

Zeit Spaß machte, mit dem roten Tuch vor meiner Stiernase herumzuwedeln.

Adrian begann, Verabredungen, die wir bezüglich der Kinder getroffen hatten, nicht mehr einzuhalten. Er lud Freunde zum Saufen und Xbox-Spielen ein, wenn ich am nächsten Morgen um halb fünf aufstehen musste. Er ignorierte meine SMS und Anrufe. Das passte eigentlich gar nicht zu ihm, und bezeichnenderweise hörte er auch sofort wieder damit auf, als wir beschlossen hatten, uns scheiden zu lassen. Komisch, nicht?

Rückblickend denke ich, Adrian versuchte, mich wütend zu »machen«, um mir zu zeigen, dass sich etwas verändert hatte. Er hatte sich verändert, und so funktionierten auch meine manipulativen Tricks nicht mehr.

Heute erkenne ich ganz egoistisch und pragmatisch, wie verletzlich meine Wut mich gemacht hat. Da war ich, hielt mich für drei Meter groß, stampfte mit dem Fuß auf und drohte damit, wütend zu werden, als ob das irgendwen interessierte, während ich Adrian ebenso gut ein rot glühendes Eisen in die Hand hätte geben können, mit dem er mich durchbohrte, wann immer ich ihn ärgerte.

Wie berechtigt meine Wut angesichts seines Verhaltens auch erschien, sie fügte mir und meinen Kindern unweigerlich Leid zu – genau das, was ich *nicht* wollte. Nach Jahren eskalierender Auseinandersetzungen erkannte ich dann schließlich, was ich tun musste.

Ich beschloss, fortan kein wütender Mensch mehr zu sein – nicht nur, meine Wut zu beherrschen, sondern gar nicht mehr wütend zu sein. Eine wirklich große Entscheidung, von der ich nicht wusste, ob ich sie überhaupt umsetzen konnte. Und ich fragte mich, wie ich ohne diesen Verteidigungsmechanismus in der Welt zurechtkommen sollte.

Die Gründe für meine Wut existierten weiter, doch ich reagierte nicht mehr mit Wut darauf. Im vorherigen Kapitel habe ich beschrieben, wie die Achtsamkeit es mir in einem schwierigen Augenblick ermöglichte, aus der Flut meiner Gedanken den einen herauszufischen, der »Lass dich nicht in diese Situation verwickeln!« sagte. Die anderen Optionen basierten alle auf Wut, aber ich weigerte mich schlicht, eine dieser Optionen zu wählen.

Oder wie mein Freund Adam Richard es einmal ausdrückte: »Das ist wie ein Auswahlmenü in Ihrem Kopf. Ich kann negativ und wütend reagieren, wähle heute aber immer öfter das Positive.«

Oft geben wir anderen die Schuld, uns wütend zu machen oder uns das Herz zu brechen. Und wir lassen uns auf diese den Geist trübenden Leidenschaften ein, weil wir glauben, keine Wahl zu haben. Vielleicht hassen wir die anderen sogar dafür, *was sie uns angetan haben*. Ich habe einem anderen Freund, Lawrence Mooney, einmal gesagt, dass ich jemanden hasse. Seine Antwort werde ich nie vergessen. »Wenn du Menschen hasst, bist du ihr Gefangener.«

Ich habe keine Ahnung, ob das von ihm oder ein Zitat war, aber seitdem lebe ich nach dieser Devise. Welchen Sinn hat es, Zeit und Energie darauf zu ver(sch)wenden, Adrian zu hassen, weil er mich nicht mehr liebt? Ich kann mich selbst befreien. Ich kann inneren Frieden wählen.

Wenn Sie sich noch nicht ganz sicher sind, ob Wut auch Ihr Problem ist, gebe ich hier ein Beispiel von jemandem, den ich kannte, einem Dave McGuire. Er war in meiner

Kindheit ein Freund meiner Eltern. Wegen seines Temperaments wurde er von allen nur »Mad Dog«, tollwütiger Hund, genannt. Man könnte annehmen, ein solcher Spitzname brächte einen zum Nachdenken, bei Dave war das jedenfalls nicht der Fall. Dave war stets davon überzeugt, ein Opfer der Umstände und seiner Mitmenschen zu sein.

Dave hatte einen Nachbarn, der gern jeden Sonntag frühmorgens den Rasen mähte, zufällig der einzige Tag in der Woche, an dem Dave ausschlafen konnte. Am ersten Sonntag bat Dave seinen Nachbarn höflich darum, mit dem Mähen aufzuhören. Am zweiten Sonntag brüllte er aus dem Fenster. Am dritten Sonntag stürmte er in Boxershorts den Garten seines Nachbarn und warf den Rasenmäher in den Pool.

Am Ende musste Dave nicht nur einen neuen Rasenmäher bezahlen, sondern auch mit einem nun störrischen Nachbarn leben, der weiterhin sonntags in aller Herrgottsfrühe den Rasen mähte und mit der Polizei drohte, sollte Dave deswegen noch einmal auch nur aufmucken. Angenommen, Daves Temperament hätte ihm vorher bereits die Bekanntschaft mit der Polizei eingebracht, so hatte er jetzt argumentativ wirklich ganz schlechte Karten.

Einige von Daves Wutausbrüchen verliefen glimpflich – beispielsweise das Herumstampfen auf seiner Butterbrotdose, als diese sich partout nicht schließen wollte. Andere eher weniger – etwa als er mit seinem Geländewagen wiederholt die Vorderwand seines Hauses rammte, weil der automatische Garagenöffner nicht funktionierte. Doch eines ist sicher: Folgenlos blieben sie nicht.

Daves größtes Problem aber bestand in seiner felsenfesten Überzeugung, »die anderen« seien schuld. Seine Frau – sie hatte eine billige Butterbrotdose gekauft –, seine Kinder – sie hatten mit dem Garagenöffner herumgespielt, bis die Batterie leer war –, sein Nachbar – er war einfach ein rücksichtsloser Vollpfosten. Natürlich hatte er in mancher Hinsicht recht: Seine Frau hatte die Butterbrotdose gekauft, die Kinder hatten die Batterie plattgemacht, und der Nachbar hätte den Rasen ja vielleicht auch zu einer sozial verträglichen Zeit mähen können. Doch erst seine Wut verwandelte diese Tatsachen in größere Katastrophen.

Was wäre gewesen, hätte Dave seine Butterbrotdose einfach weggeworfen und sich eine neue gekauft, statt auf der alten herumzuhüpfen und sich so auf der Baustelle zum Gespött zu machen? Wenn er den Wagen stehen gelassen, im Haus die Batterie ausgetauscht und ein ernstes Wörtchen mit den Kindern über den Garagenöffner gewechselt hätte, statt sein Haus zu demolieren und allen einen Riesenschrecken einzujagen? Das und viele andere Vorkommnisse müssen das Verhältnis der Kinder zu ihrem Vater ordentlich getrübt haben.

Natürlich ist es ärgerlich, wenn der Nachbar den Rasen mäht, während man schlafen möchte – doch wie sehr hat Dave sich erst geärgert, als der Nachbar weitermähte, nachdem er ihm den Mäher in den Pool geworfen hatte.

Die Moral von Mad Dog Dave McGuires Geschichte ist nicht besonders schwer zu begreifen: Er weigerte sich, seinen Anteil an dem Geschehen zu akzeptieren. Sein Glaube, auf alles ein Anrecht zu haben, vom mucksmäuschenstillen Nachbarn bis zur idiotensicheren Butterbrotdose, ist unsinnig, ebenso wie seine Überzeugung, im Umkreis von vielen Kilometern der einzige Mensch mit Verstand zu sein.

Mit ziemlicher Sicherheit sind Sie nicht so schlimm wie Mad Dog, aber wie oft haben Sie schon gedacht, von lauter Idioten umgeben zu sein? Der Einzige zu sein, der hier einen Finger rührt? Der Einzige mit einem vernünftigen Fahrstil? Der Einzige, der etwas begreift? Wie oft lassen Sie Ihren inneren tollwütigen Hund von der Leine?

Es fällt uns leicht, ein Urteil über die Wut anderer zu fällen, vor allem, wenn sie so offensichtlich unangemessen ist, doch kann auch unsere eigene verborgene Wut auf eine heimtückische Art ungeheuer zerstörerisches Potenzial entwickeln. Im Verlauf unserer Paartherapie ist uns klar geworden, dass sowohl Adrian als auch ich Wut auf unsere Eltern empfinden. Und wenn wir uns dann zufällig gegenseitig an unsere Eltern erinnerten, hatten wir den Salat – und meist keinen Schimmer, warum.

Manchmal waren wir auch aufeinander wütend, ließen diese Wut aber unter der Oberfläche vor sich hin brodeln und sich irgendwann ein Ventil suchen. Wir hielten es damals für richtig, nicht bei jeder kleinen Verstimmung ein Fass aufzumachen, weil wir Auseinandersetzungen vermeiden wollten. Das führte letztlich aber nur dazu, dass wir beide im Saft schmorten, irgendwann und meist unerwartet die Fassung verloren und dann richtig explodierten.

Kommt Ihnen das bekannt vor? Nach den vielen Gesprächen, die ich mit Freundinnen geführt habe, sind Vulkane brodelnder Wut, die kurz vor dem Ausbruch stehen, in Ehen nichts Ungewöhnliches.

Und an dieser Stelle kommt unser alter Freund, die

Achtsamkeit, wieder ins Spiel. Geraten wir wegen irgendeiner Kleinigkeit in Rage, sollten wir tief in uns nach den Gründen forschen. Warum hat uns diese Nichtigkeit so wütend gemacht? Wild um sich zu schlagen nützt überhaupt nichts. Denn dabei ist leider nicht auszuschließen, dass wir auch vollkommen Unbeteiligte verletzen, Menschen, die wir zufälligerweise sehr lieben.

Sobald die Wut aufflammt, und mag sie auch noch so berechtigt erscheinen, sollten wir wieder einen Moment innehalten und uns sammeln. Sammeln und gehen. Ganz im Ernst: einfach weggehen. Auch wenn uns das vielleicht nicht die Erkenntnis unseres Lebens bescheren wird, haben wir zumindest den Verlauf dieser speziellen Situation verändert und uns wahrscheinlich davor bewahrt, etwas zu tun, wofür wir uns später geschämt hätten.

Das Gegenmittel zur Wut ist Geduld. Es bedarf allerdings einer Menge Geduld, die Gelegenheit, zu schreien, zu fluchen und mit Gegenständen zu werfen, während einer so schwierigen Zeit wie einer Trennung *nicht* beim Schopf zu packen. Insbesondere wenn uns jemand diese Gelegenheit quasi auf dem Silbertablett serviert. Einem Wutanfall freien Lauf zu lassen bricht die Dämme zahlloser lange aufgestauter Emotionen, ehrlich! Das Dumme ist nur, dass sich der Anlass für die Wut dadurch nicht verflüchtigt und wir hinterher mit den Konsequenzen leben müssen.

Reagieren wir hingegen geduldig, verschafft uns dies ein enormes Gefühl der Befriedigung, und wir können stolz auf uns sein (Stolz ist also nicht zwangsläufig etwas Schlechtes). Zudem verschafft es uns Klarheit. Die geduldige Reaktion gab mir den Raum, erkennen zu können, dass meine Ehe beendet werden musste. Das war nicht nur eine Phase, hier gab es nichts mehr zu reparieren. Mein Mann wollte diese Ehe nicht mehr, und je mehr ich versuchte, es ihm recht zu machen, ihn zu bestrafen oder ihn mit neuen Strategien zu manipulieren, desto mehr rebellierte er.

Die Geduld ermöglichte es mir, sein Verhalten gewissermaßen klinisch zu analysieren. Mir wurde klar, dass auch er nicht glücklich war – im Gegenteil: Er tat alles, um etwas zu verändern, so unglücklich war er mit der Situation. Die Geduld ließ alles in Zeitlupe ablaufen, und ich konnte sein Verhalten von einem mitfühlenden Standpunkt aus betrachten. Ich liebte Adrian immer noch sehr und sah, wie er ums Überleben kämpfte. Doch je mehr ich mich an ihn klammerte, desto mehr verlor er den Halt.

Es gibt ein altes Sprichwort: »Lass gehen, wen du liebst. Kommt er zu dir zurück, ist er dein, kommt er nicht, war er nie dein.« Die Geduld half mir dabei zu erkennen, dass Adrian aus buddhistischer Sicht nicht mir gehört und mir nie gehört hat. Ich kann mich glücklich schätzen, ihn eine Weile begleitet zu haben, doch das ist nun vorbei, und daran ändern auch kein Gezerre und kein Schmeicheln etwas. Warum also wütend werden und nur noch verheult herumlaufen?

Wie aber erlernt man sie, die Geduld? Das erfordert … nun ja … Geduld! Wir haben im Laufe dieses Buchs schon oft darüber gesprochen, Herausforderungen, denen wir uns immer wieder stellen und deren gelegentliches Scheitern wir akzeptieren müssen. So ist auch der Satz: »Heute werde ich geduldiger sein« ein guter Vorsatz für den Tag. Er erinnert uns daran, wenn es so weit ist.

Üben Sie sich in Geduld, wenn Sie nicht wütend sind, beispielsweise, indem Sie jemandem die Vorfahrt lassen oder indem Sie dem älteren Menschen vor Ihnen, der mit dem Fahrtkartenautomaten ringt, versichern, Sie hätten keine Eile. Wenn Sie Kinder haben, haben Sie ohnehin endlos viele Gelegenheiten, sich in Geduld zu üben. Das vermittelt Ihnen die Befriedigung und den Frieden, die aus der Geduld entstehen, und mit der Zeit werden Sie süchtig danach werden. Sie glauben mir nicht? Probieren Sie es aus! Die Ungeduld ist eine meiner größten Untugenden, und sogar ich lerne immer mehr, geduldig zu sein.

Der meiner Meinung nach größte Vorteil davon, sich zu weigern, weiterhin wütend zu sein, besteht jedoch darin, stark und gefestigt zu wirken. In Situationen, die einen normalerweise auf die Palme bringen würden, die Ruhe zu bewahren beeindruckt andere so sehr, dass man wie ein Superheld dasteht! Und ich hatte mir schon Sorgen gemacht, ohne meine Wut hilflos zu sein. Tatsächlich fühle ich mich ohne sie stärker denn je.

Eifersucht

Eifersucht ist die den Geist trübende Leidenschaft, die wir am wenigsten zugeben, die jedoch die größte Macht über uns hat. Sie gehört ganz offensichtlich in die Kategorie des Anhaftens – sie greift nach etwas, das jemand anders hat, und hasst ihn dafür, weil er es hat.

Aus Wut zu handeln geben wir zu: »Tut mir leid, dass ich dich angeschrien habe, aber ich war so wütend!« Mit der

Eifersucht sieht das ganz anders aus: Sie ist uns furchtbar peinlich. Wirft uns jemand Eifersucht vor, ist unser erster Impuls, uns zu verteidigen: »Eifersüchtig? Ich?? Dass mein Ex eine Neue hat und ich immer noch allein bin??? Ha!«

Die Angst, mein Verhalten könnte peinlich sein, hat definitiv eine Rolle dabei gespielt, dass ich Adrian seine Kontaktaufnahme mit der Frau, die wir beide kennen, nicht sofort unter die Nase gerieben habe. Als ich darüber nachdachte, muss mir klar geworden sein, wie eine eifersüchtige Idiotin dazustehen, wenn ich ihn auf sie ansprechen würde.

Ich habe einmal in einem Podcast mit dem US-amerikanischen Comedian Marc Maron über Eifersucht gesprochen. Er sagte: »Es ist sehr schwer einzusehen, dass der Erfolg anderer nicht notwendigerweise ein Indikator für den eigenen Misserfolg ist. Das ist ein Problem, aber nicht das der anderen. Man muss bei sich selbst darauf gefasst sein.« Ob er das nun wusste oder nicht: Hier hat sich Maron als profunder Kenner der buddhistischen Lehre der den Geist trübenden Leidenschaften erwiesen. Er hat erkannt, dass seine Gefühle, auch die bezüglich Erfolg und Misserfolg, ausschließlich *seine* Gefühle sind. Niemand anders setzt sie ihm in den Kopf – er selbst gestattet es ihnen, sich dort zu manifestieren, und nur er selbst kann auf sie »gefasst sein«.

In unserem Gespräch ging es um berufliche Eifersucht, unter der ich fast mein ganzes Leben lang gelitten habe, wie übrigens die meisten Comedians. Im Grunde könnte »Eifersucht« ein passender Sammelbegriff für diese Berufsgruppe sein: eine Herde Schafe, ein Schwarm Fliegen, eine Eifersucht Comedians.

Vor einigen Jahren habe ich eine ausgesprochen effektive

Methode gefunden, mit meiner Eifersucht auf Kollegen umzugehen: sie laut auszusprechen. Ich habe eine Menge talentierter Freunde, die mir andauernd von aufregenden Gelegenheiten erzählen. Früher musste ich aufpassen, dass mir meine Gesichtszüge nicht entgleisten, während es beim Zuhören in mir brodelte. Anschließend beschwerte ich mich hinter ihrem Rücken über die ungeheure Ungerechtigkeit und dass sie ihr Glück nicht verdienten (im Gegensatz zu mir natürlich!). Dann brachte ich es monatelang nicht fertig, auch nur einen einzigen positiven Gedanken über sie zu denken. Heute blicke ich ihnen ins Auge und sage: »Ich bin so eifersüchtig!«

Zuzugeben, dass man eifersüchtig ist, hat zweierlei zur Folge. Zum einen ist es ein massives Kompliment für das Gegenüber – genau das, was der Betreffende in diesem Moment verdient hat. Zum anderen befreit es mich auf wundersame Weise von dieser den Geist trübenden Leidenschaft. Denn obwohl sie sehr mächtig ist, löst sie sich fast augenblicklich in Luft auf, wenn wir zu ihr stehen.

Es dauerte ein paar Tage, doch schließlich sagte ich Adrian, dass ich von seinem Kontakt zu unserer gemeinsamen Freundin wusste. Ich gab zu, zunächst eifersüchtig deswegen gewesen zu sein. In der Zwischenzeit hatte ich jedoch darüber nachgedacht, und jetzt war die Sache für mich in Ordnung. Er war schockiert, um es milde auszudrücken, letztlich aber erleichtert; das hat viel dazu beigetragen, unsere posteheliche Freundschaft zu festigen.

Eine neue Beziehung des Ex ist genau die Art von angsterfülltem, in die Zukunft denkendem Strudel, in den uns die Eifersucht ziehen kann, wenn wir sie zulassen. Sie erfindet dann eine ganze Welt, die uns beschäftigt, während unser wirkliches Leben im Hier und Jetzt ohne Richtung oder Disziplin vor sich hin taumelt. Ehe wir uns versehen, ist dieses Leben dann nur noch ein chaotisches Durcheinander, da wir alles, was wir hatten, in eine zukünftige Fantasiewelt gesteckt haben, die aller Wahrscheinlichkeit nach nie Realität wird.

Wenn Sie auf Ihren Ex-Partner eifersüchtig sind, sollten Sie einige praktische Schritte unternehmen. Kümmern Sie sich nicht mehr darum, was die beiden tun. Blockieren Sie sie in den sozialen Netzwerken, hören Sie auf, Freunde nach ihnen zu fragen, und meiden Sie Menschen, die Ihnen von ihnen erzählen, ob Sie es nun hören wollen oder nicht. Übernehmen Sie die Verantwortung und die Kontrolle. Ihr Ex wird sich ganz sicher nicht von seiner Neuen trennen, nur damit es Ihnen besser geht. Nehmen Sie das als Ansporn, sich um Ihr eigenes Leben zu kümmern.

Auch hier geht es wieder um Frieden versus Glück. Wir müssen einen Weg finden zu akzeptieren, dass das Leben unseres ehemaligen Partners nichts mehr mit uns zu tun hat. Bei gemeinsamen Kindern muss natürlich sichergestellt sein, dass sie sich in ihrer Umgebung weiterhin wohlfühlen; doch wenn es darum geht, mit wem Ihr Ex jetzt schläft und wie es diesbezüglich für die beiden läuft, wie viel Geld er in seinem neuen Job verdient oder wie gut er aussieht, seit er sich von Ihnen getrennt hat, dann lautet die Devise: Sie müssen nicht glücklich damit sein, Sie müssen nur Ihren *Frieden* damit machen.

Buddha hatte ein ganz spezielles, langfristiges Gegenmittel zur Eifersucht: die sogenannte Mitfreude, eine selbstlose, echte, von Herzen kommende Freude für das Glück und das Wohlergehen anderer.

Stellen Sie sich vor, wie Sie sich fühlen, wenn der Mensch, den Sie am meisten lieben, großartige Neuigkeiten erfährt. Jetzt stellen Sie sich vor, sich ebenso zu fühlen, wenn jemandem, den Sie nicht mögen, dies widerfährt. Und jetzt stellen Sie sich vor, Sie würden diesen Menschen gar nicht kennen. Wenn Sie sich für alle gleich freuen können, praktizieren Sie – tata! – Mitfreude!

Buddha wusste nur zu gut, dass es leichter gesagt als getan ist, Mitfreude zu empfinden. Deshalb ordnete er sie auch in der Nähe der Erleuchtung ein. Doch wie immer bittet Buddha uns nicht um Perfektion, sondern lediglich darum, es zu versuchen. Im »Gegenzug« verspricht er uns Erleichterung hinsichtlich unserer Eifersucht.

Fangen Sie erst einmal mit den Menschen an, die Sie lieben. Lassen Sie sich dabei nicht ablenken, konzentrieren Sie sich darauf, sich für ihr Glück zu freuen. Gehen Sie dann zu jemandem über, der Ihnen nicht so nahesteht – ein Arbeitskollege beispielsweise. Wenn Sie das nächste Mal eine Großverteiler-E-Mail bekommen, in der steht, dass Jenny aus der Buchhaltung ihre Prüfung bestanden hat und jetzt vollzertifizierte Buchprüferin ist, nehmen Sie den Finger von der Löschtaste und freuen Sie sich einen Augenblick für sie. Gehen Sie auf »Allen antworten«, gratulieren Sie ihr zu ihrer harten Arbeit, und stellen Sie sich vor, wie erleichtert sie sein muss, dass die Büffelei jetzt ein Ende hat. Versuchen Sie wirklich, es sich mit aller Macht vorzustellen. Vielleicht gehen Sie gelegentlich auch an ihrem Schreibtisch vorbei und schenken ihr ein herzliches Lächeln.

So weit, so gut. Wenn Sie jetzt das nächste Mal hören, dass jemand anderem etwas Tolles passiert ist, und spüren, wie Ihnen die Eifersucht den Nacken hinaufkriecht, denken Sie an all die Gründe, warum das, was passiert ist, so toll ist. Wie stolz die Eltern sein müssen. Wie gut derjenige das zusätzliche Geld gebrauchen kann. Wie sehr er beim letzten Mal enttäuscht war, und wie gut es ist, dass er dieses Mal nicht enttäuscht wurde. Vertrauen Sie darauf, dass auch Ihre Zeit kommen wird. Erinnern Sie sich daran, wie schön es war, als Jenny aus der Buchhaltung kaum glauben konnte, dass Sie sich für ihre Neuigkeiten interessieren, geschweige denn sich für sie freuen!

Andere Menschen glücklich zu machen fühlt sich großartig an. Und es fühlt sich noch großartiger an, wenn diese Menschen das nicht erwarten. Andere Menschen glücklich zu machen, indem man die eigenen Gefühle von erbärmlicher Eifersucht in selbstlose Freude verwandelt, ist eine Offenbarung. Probieren Sie es aus!

Uns weiszumachen, jemand hätte uns das Herz gebrochen und würde uns wütend, verbittert, eifersüchtig und deprimiert zurücklassen, verleiht diesem Jemand eine ungeheure Macht über unser Leben. Damit machen wir uns weis, wir hätten die Kontrolle über unsere Herzen und Handlungen abgegeben, sodass sie gestohlen und gebrochen werden können, aufgebraucht und ausgespuckt, wie es demjenigen beliebt. Damit lehnen wir die Verantwortung für unsere Gefühle ab und stempeln uns selbst als hilflose, fehlerlose Wesen ab. Doch zum Glück ist dies nicht der Fall.

Wir sind für alles, was wir tun und sagen und fühlen, verantwortlich – und das ist toll, weil es bedeutet, dass wir

nie wieder so leiden müssen! Das wiederum bedeutet allerdings auch harte Arbeit an uns selbst.

Stolz

In einer Beziehung zu sein hat definitiv etwas mit Stolz zu
tun. Ob es nun die erste oder einunddreißigste Beziehung
ist – es fühlt sich gut an, sich jemanden »geangelt« zu
haben. Es bestätigt uns, dass wir liebenswert und attraktiv
sind. Und wenn wir uns gerade von jemandem getrennt
haben, möchten wir auch, dass derjenige weiß, wie liebenswert und attraktiv wir sind.

Ich bin mittlerweile in einem Alter, in dem einige meiner männlichen Freunde eine klassische Midlife-Crisis
durchmachen, also austesten, wie anziehend sie auf Frauen
wirken, die nicht ihre Ehefrau sind. Vordergründig schüt-
teln sie zwar den Kopf und ziehen einander auf, wenn einer
von ihnen sich eine Jüngere sucht, insgeheim aber sind sie
davon tief beeindruckt. Ich weiß aus zuverlässiger Quelle,
dass damit auch ein enormer Stolz verbunden ist, der sich
in nur wenigen Monaten jedoch abnutzt, sobald auch hier
der Alltag einkehrt. Denn auch wunderschöne junge
Frauen müssen arbeiten und Geld verdienen. Sie werden
älter und sehnen sich irgendwann nach echter Bindung
und einer Familie – also genau nach den Dingen, denen ihr
älterer Liebhaber entfliehen wollte. Und da ist sie wieder,
die Unbeständigkeit!

Ebenso wie sich der frühere Partner entwickelt und verändert hat, entwickelt und verändert sich auch der neue.

Aus sorglosen jungen Menschen werden überforderte Menschen mittleren Alters. Kinder, Hypotheken, Karrieren – all das übt früher oder später Druck aus. Natürlich können wir uns auch dagegen und für einen anderen Lebensentwurf entscheiden, doch können wir diese Entscheidung nur für uns, nicht für andere treffen. Und selbst wenn der andere dieselbe Entscheidung getroffen haben sollte, gibt es keine Garantie, dass er seine Meinung nicht noch einmal ändert. Wir können ja auch nicht erwarten, dass unser Partner 60 Jahre lang die gleiche Frisur hat.

Und natürlich trifft das nicht nur auf Männer zu. Ich habe einige Freundinnen aus der *Eat Pray Love*-Abteilung, die sich auch irgendwann gedacht haben, es müsse doch mehr im Leben geben als die Monotonie von Ehe und Kindererziehung. Das denkwürdigste Beispiel erlebte ich Ende der 1990er-Jahre in einem Vorstadtpuff in Melbourne, wo ich zu der Zeit als Empfangsdame in der Nachtschicht jobbte.

Dort hatten wir eines Tages einen Neuzugang, Amanda aus Neuseeland, deren fabelhafte Persönlichkeit es durchaus mit ihrem süßen, kessen Aussehen aufnehmen konnte. Die meisten Mädchen liefen in Reizwäsche herum, doch nicht Amanda: Sie trug zur Arbeit immer einen kurzen, engen Bleistiftrock, eine eng anliegende Bluse und Lack-High-Heels. Sie nannte es ihren »Sekretärin-Schlampen-Look« und schwor darauf – er war das Geheimnis ihres Erfolgs. Und den hatte sie unbestreitbar, was die lange Liste ihrer Stammkunden bewies, die sie beschäftigten und finanziell absicherten. Doch abgesehen davon liebte Amanda ihre Arbeit auch. Sie genoss die Gesellschaft dieser

Männer und machte keinen Hehl daraus, wie toll sie es fand, von ihnen begehrt zu werden. Ich habe sie mehrmals sagen hören, wie stolz sie war, dass die Männer dafür bezahlten, Sex mit ihr haben zu dürfen.

Als wir Amanda dann ein bisschen näher kennenlernten, erzählte sie uns auch ein wenig aus ihrem Leben, beispielsweise, dass sie zu Hause in Neuseeland zwei kleine Jungs und einen Ehemann hatte. Nicht gerade ein konventioneller Lebensentwurf, aber wir waren kein moralisierender Haufen, und so stellten wir auch keine weiteren Fragen und dachten nicht weiter darüber nach. Bis eines Abends ihre Schwester vor der Tür stand und nach ihr suchte. Die Geschichte, die wir dann hörten, erstaunte uns alle; sie beschäftigt mich bis heute.

Wir erfuhren, dass Amanda fast ihr ganzes Leben lang übergewichtig, man muss schon sagen fettleibig gewesen war. In ihrer Familie und Umgebung war sie immer das fette Mädchen gewesen, bis sie mit Mitte 20 den Entschluss fasste, sich und ihr Leben von Grund auf zu ändern. Sie nahm 80 Kilo ab und fühlte sich das erste Mal, seit sie denken konnte, attraktiv. Dass sie nun sexuell anziehend auf Männer wirkte, hatte wiederum eine absolut berauschende Wirkung auf Amanda. Ihr Stolz auf diese neu entdeckten Superkräfte zwang sie dazu, sie immer wieder zu testen, worunter natürlich ihre Ehe zu leiden begann. Schließlich verließ sie eines Morgens überraschend das Haus und kehrte nicht wieder.

So begann die zweijährige Suche ihrer Familie, die ihre Schwester nach Australien und letztlich zu uns führte. Nachdem wir mit ihr gesprochen hatten, rief ich Amanda an und erzählte ihr, was passiert war. Sie weinte und gestand, dass ihre Schwester die Wahrheit gesagt hatte. Sie liebte ihre Arbeit vor allem auch deswegen so sehr, weil niemand sie je begehrt hatte – und jetzt bezahlten die Männer sogar dafür. Sie empfand das als wunderbare Bestätigung und als Beweis, dass sie nicht mehr das fette Mädchen war, als das ihre Familie sie immer noch sah. Und darauf war sie unendlich stolz.

Buddha zufolge hindert uns der Stolz am Mitgefühl. Ich habe Amandas Mann nie kennengelernt und wusste wenig über ihre Beziehung, doch sie sprach immer mit Respekt von ihm und bedauerte, wie die Beziehung zu Ende gegangen war. Ihre Söhne zu verlassen war ebenfalls schmerzlich für sie gewesen, und sie schämte sich dafür; umgekehrt muss es natürlich auch für die Kinder eine traumatische Erfahrung gewesen sein. Amanda hatte jedes Recht, nach Australien zu ziehen und als Prostituierte zu arbeiten. Durch den Stolz aber, der ihr zu Kopf gestiegen war, handelte sie übereilt und verlor so den Kontakt zu ihren Söhnen. Sie brachte Chaos ins Leben all derer, die sie liebte, und erschwerte sich selbst die Rückkehr, die sie nach dem Besuch ihrer Schwester durchaus in Betracht zog. Amanda klammerte sich an das Gefühl des Stolzes, des Angenommenseins, der Attraktivität und der Besonderheit, das ihre Arbeit ihr verschaffte, und verließ ihre Familie deshalb auf eine Art, die ausgesprochen gefühllos war. Das alles wusste sie selbst, wie sich bei unserem Telefonat an diesem Abend zeigte.

Unter Amandas Stolz litt niemand mehr als sie selbst, auch wenn sie hinsichtlich ihres Mannes extreme Schuldgefühle hatte. Gerade ihm hatte sie ihren Stolz unter die Nase gerieben und ihn wissen lassen, sie könne jetzt »bessere« Männer als ihn bekommen.

Der Stolz der oder des Ex kann ungeheuer schmerzhaft sein. Mit der Neuen herumzustolzieren, mit den Tinder-Abenteuern anzugeben, zu erzählen, man sei froh, den anderen endlich losgeworden zu sein – all das lässt unser Selbstwertgefühl schmelzen wie Schnee in der Sonne.

Adrian und ich sind in diese Falle glücklicherweise (noch) nicht getappt, aber allein, ihn zufrieden und entspannt zu sehen, verpasst meinem Stolz wiederum schon hin und wieder empfindliche Dämpfer, das muss ich zugeben. Ich habe meinem Dad gegenüber darüber einmal einen Witz gemacht, der sich inzwischen zum Running Gag entwickelt hat. »Meine Güte, Adrian versetzt ja Berge, seitdem du ihn nicht mehr in den Wahnsinn treibst«, sagt mein Dad dann lachend. Und ob Sie es glauben oder nicht: Auch ich muss dann lachen, und es tut nicht mehr ganz so weh.

Ich weiß, dass es Adrian manchmal auch schwerfällt, mit dem Thema Stolz umzugehen, doch versuchen wir beide, uns auf das Prinzip der Unbeständigkeit zu konzentrieren. Adrian würde sich selbst nicht als Buddhisten bezeichnen, ist aber gut darin und erinnert mich immer wieder daran, dass wir beide uns verändert haben und dass das absolut normal ist. Unsere Ehe war lange Zeit wirklich großartig, heute kommen wir beide jedoch besser als Freunde und nicht als Ehepartner miteinander aus. Das Prinzip der Unbeständigkeit in einer Beziehung zu akzeptieren hat viele Vorteile, während Stolz uns davon abhalten kann, unsere Veränderung wahrzunehmen und anzuerkennen.

Eine meiner Freundinnen wollte keine Kinder, als sie ihren Partner kennenlernte, jetzt will sie welche. Das Problem ist nur, dass sie sich zu Beginn der Beziehung darauf geeinigt haben, niemals Kinder zu bekommen. Sie haben es als unverhandelbares Grundprinzip festgelegt. Und soweit er wusste, galt es auch noch. Früher hatten sie sich über schreiende Babys im Flugzeug und chaotische Familien im Café aufgeregt und die Augen verdreht, wenn mal wieder jemand stolz verkündete, schwanger zu sein. Offen gestanden verhielten sie sich Leuten, die Kinder wollten, gegenüber ziemlich herablassend.

Doch natürlich unterliegen auch sie den Prinzipien der Unbeständigkeit und des Entstehens, das auch bei den innigsten Partnern in unterschiedliche Richtungen verlaufen wird, je nach Umgebung, Karma und, ja, auch Hormonen. Der Unbeständigkeit verdanken wir, dass uns niemals langweilig wird, so viel ist mal sicher. Sie kann uns vor schwierige Herausforderungen wie diese stellen, und wenn dann noch Stolz hinzukommt, fällt es uns schwer, Veränderungen zu akzeptieren.

Meine Freundin jedenfalls erzählte ihrem Partner nicht, dass sich ihre Einstellung verändert hatte. Sie war zu stolz, um zuzugeben, dass sie nun selbst einer dieser Menschen war, über die sie früher immer gemeinsam gelästert hatten. Stattdessen hoffte sie darauf, dass ihr Partner unabhängig von ihr denselben Wandel durchmachen würde. Und so wartete und wartete sie und begann, innerlich zu kochen über so viel Unreife, denn die musste ja wohl das Problem sein – *sein* Problem. Sie selbst glaubte, einen Grad der Reife erlangt zu haben, bei dem Kinder eine zwingende Notwendigkeit geworden waren. Er jedoch zeigte sich weiterhin erleichtert, dem Vaterschicksal entkommen zu sein, was sie dazu provozierte, ihn bei jeder Gelegenheit ein verantwortungsloses Weichei zu nennen. Jedwedes Mitgefühl für ihn war futsch – was er natürlich bemerkte, aber beim besten Willen nicht einordnen konnte.

Eines Tages platzte es aus ihr heraus: »Du willst kein Kind mit mir, und jetzt ist es für mich zu spät, einen neuen Partner zu finden!«

Das traf ihn wie aus heiterem Himmel, und die Diskussion dieser wichtigen Frage wurde von Anfang an von einem ungeheuer emotionalen und unbarmherzigen Standpunkt aus geführt.

Ich wünschte, die Geschichte hätte zumindest für einen der beiden ein Happy End gehabt, doch sie ist noch lange nicht vorüber. Die Diskussion hält an. Und wie jede Frau Ende 30 mit Kinderwunsch weiß, ist sie höchst unerfreulich.

Ändert sich unsere Lebenseinstellung, ist es verlockend, mit ihr auch den Partner zu wechseln und zu jemandem überzugehen, der unsere geänderte Einstellung zu diesem Zeitpunkt teilt. Allerdings müssen wir uns klarmachen, dass sich unsere Einstellung in der Zukunft erneut ändern wird – vielleicht nicht zu diesem Punkt, dafür aber zu einem wichtigen anderen. Deshalb ist ein Partnerwechsel auch kein Patentrezept zum Glücklichsein; es hängt immer davon ab, warum wir unglücklich waren. Manchmal hält uns unser Stolz davon ab zu erkennen, dass es unser Kampf gegen die Realität ist, der uns unglücklich macht. Keiner von uns kann das Rad der Zeit zurückdrehen, auch nicht, wenn wir mit jemandem zusammenziehen, der uns an unser früheres Ich erinnert. Ich würde sogar sagen: ganz besonders dann nicht, denn meiner Meinung nach führt uns das nur vor Augen, dass wir eben nicht mehr so wie früher, nicht mehr jung sind. Es ist unser Stolz, der uns vorgaukelt, uns aus einer Beziehung befreien zu wollen, wenn wir uns eigentlich von uns selbst befreien wollen.

Die den Geist trübende Leidenschaft des Stolzes zieht weitreichende Probleme und negative Konsequenzen nach sich. Ich wurde selbst Zeugin einiger peinlicher Versuche, die eigene Jugend zurückzuerlangen, die mit physischen Verletzungen endeten. Insbesondere Achillessehnen scheinen anfällig dafür zu sein, unter den Belastungen 45-Jähriger beim Tanzen, Trampolinspringen oder Fußballspielen mit 25-Jährigen zu reißen.

Die Täuschungen des Stolzes können auch Distanz in Beziehungen mit Menschen schaffen, die mit beiden Beinen fester auf dem Boden der Tatsachen stehen. Sie machen es uns schwer zu glauben, dass uns der Partner tatsächlich verlässt. Sie lassen uns auf seine Rückkehr warten, statt uns nach vorn zu lenken, und erschweren die Kommunikation mit Freunden und Familie. Kinder haben ihretwegen vielleicht das Gefühl, die Eltern übereinander anlügen zu müssen, was ihnen in ihrer Entwicklung zweifelsohne sehr schaden kann. Das kann sogar ihr späteres Verhalten als Erwachsene negativ beeinflussen.

Und was ist das Gegenmittel, das Gegenkonzept zum Stolz? Ganz einfach: Dafür müssen Sie nur einmal an all das denken, was Sie gesagt und getan haben und auf das Sie *nicht* stolz sind. Aber Achtung: Wer vom Stolz zum Selbsthass übergeht, kommt wahrlich vom Regen in die Traufe. Sie sind sicherlich mehr als die Summe der Eigenschaften, auf die Sie nicht stolz sind. Es hilft, sich anderen hin und wieder zum Diener zu machen, womit ich meine, jemandem die Tür aufzuhalten oder jemandem den Vortritt zu lassen. Dem Drang zu widerstehen, jemanden zu korrigieren, auch wenn der sich irrt und man selbst prima klugscheißen könnte. Dem jungen Angestellten im Fast-Food-Restaurant zu signalisieren, dass man es im Moment nicht eilig hat. All das sind gute Übungen im Gegenmittel zum Stolz: in der Demut.

Kernpunkte

- Den Geist trübende Leidenschaften sind leicht zu erkennen. Zu ihnen gehören Wut, Gier, Eifersucht, Hass, Stolz, (Selbst-)Täuschung und Verbitterung.
- Es handelt sich dabei um defensive Emotionen, die in schwierigen Zeiten aus uns herausbrechen. Sie verleiten uns zu schlechtem Benehmen, das wiederum neue Probleme schafft. Meist kaschieren sie tiefere Verletzungen oder Instinkte.
- Innerer Frieden ist vorteilhafter als Glück. Er hält länger an und hilft auch anderen.
- Unser innerer Frieden kommt der ganzen Welt zugute, auch uns, beispielsweise in unseren Beziehungen.
- Wir müssen uns in Disziplin üben und die Verantwor-

tung für unsere Gefühle übernehmen. Unser Partner ist nicht für unser Glück oder Unglück verantwortlich.

- Wut macht uns verletzlich. Gehen Sie nicht auf Menschen ein, die versuchen, Ihre Wut zu entfachen. Gehen Sie weg – buchstäblich.

- An Wut festzuhalten ist wie Gift trinken und erwarten, dass der andere daran stirbt. Atmen Sie konzentriert ein und aus, oder zählen Sie bis zehn, wenn Sie wütend sind. So können Sie Ihre Gedanken sammeln und achtsam statt instinktiv reagieren. Instinktive Reaktionen sind oft negativ und übertrieben.

- Das Gegenmittel zur Wut ist die Geduld. Kultivieren Sie sie, indem Sie sich jeden Morgen laut vornehmen: »Heute werde ich geduldiger sein.«

- Wenn wir jemanden hassen, sind wir sein Gefangener. Versuchen Sie, Ihren Ex nicht zu hassen.

- Eifersucht ist Bestandteil jeder Trennung und ihrer Überwindung. Doch der Erfolg Ihres Ex-Partners nach Ihrer Trennung bedeutet nicht, dass Sie versagen. Sein neues Leben hat keine Relevanz mehr für Sie.

- Üben Sie sich in Mitfreude – freuen Sie sich über das Glück anderer.

- Stolz hindert uns am Mitgefühl. Er hindert uns daran, uns und anderen mit Güte zu begegnen. Stolz führt zu überstürztem Handeln und oft auch zu unangemessenen, unechten Beziehungen.

- Ein Partnerwechsel macht nicht zwangsläufig glücklich – vor allem dann nicht, wenn man eigentlich vor sich selbst fliehen will.

Selbstreflexion

- Wut in Gegenwart anderer soll uns furchterregend und respekteinflößend machen. Setzen Sie in Beziehungen Ihre Wut als Waffe ein?
- Finden Sie mithilfe der Achtsamkeit heraus, wie viel Wut und Feindseligkeit in Ihnen und Ihren Beziehungen steckt. Was ist der *wahre* Grund für Ihre Wut?
- Versuchen Sie, sich Ihre Eifersucht einzugestehen. Geben Sie sie zu. Wie fühlt sich das an?
- Schenken Sie dem, das andere tun, zu viel Aufmerksamkeit? Löschen Sie diese Social-Media-Connections!

6

WANDEL UND VERÄNDERUNG

Wenn Sie dieses Buch lesen, bedeutet das mit großer Wahrscheinlichkeit, dass Sie gerade selbst auf der Suche nach einer Veränderung sind, auch wenn Ihnen das vielleicht noch nicht bewusst ist. Vielleicht macht Ihnen diese Vorstellung auch Angst. Andererseits haben Sie Ihr schwer verdientes Geld für Ratschläge ausgegeben, wie man eine Trennung bewältigen kann – was mir wiederum sagt, dass Sie Ihre bisherige Bewältigungsstrategie ändern wollen.

Ob Sie die Trennung nun selbst initiiert haben oder diejenige sind, von der man sich getrennt hat: Dort, wo Sie jetzt sind, fühlen Sie sich nicht wohl, und das wollen Sie ändern, stimmt's? Um uns in der Welt aber anders zu fühlen, müssen wir letztlich unsere Reaktionen auf sie ändern.

Und das bedeutet, wir müssen den Umgang mit uns selbst verändern. Diese Revolution muss ruhig, friedlich und persönlich verlaufen. Wir müssen sie ganz allein durchziehen und uns der Veränderung stellen.

Die Veränderungen, die mit einer Trennung einhergehen, lesen sich manchmal wie eine lange Verlustliste. Auf einer ganz praktischen Ebene verlieren wir vielleicht unsere Wohnung, unser Haustier, unsere Freunde, unser Einkommen und sogar unsere Kinder. Wir haben das Gefühl, dass alles, wofür wir gearbeitet haben, uns unter grausamen Umständen weggenommen wurde: von jemandem, den wir einst geliebt und dem wir vertraut haben.

Sollten Sie dieses Gefühl haben, gebe ich Ihnen hier und jetzt die Erlaubnis, es tatsächlich zu *fühlen*. Von den Zehen- bis in die Haarspitzen. Schreien Sie es heraus, oder weinen Sie es sich von der Seele, wenn es das ist, was Sie brauchen. Lassen Sie es aber nicht langsam und qualvoll an Ihnen nagen. Stellen Sie sich ihm. Konfrontieren Sie sich damit. Verfolgen Sie es bis in sein letztes Schlupfloch hinein – und beobachten Sie, wohin es Sie führt. Ansonsten fragen Sie sich Ihr Leben lang, was am Boden dieses Schlupflochs kauert. Keine Angst: Stürzen Sie sich kopfüber hinein! Sie werden staunen, wie tief und mysteriös es *nicht* ist!

Wer das getan hat und dem Gefühl wirklich auf den Grund gegangen ist, weiß, dass es uns nicht an einen tiefgründigen oder hilfreichen Ort führt – nur zu Erschöpfung, Fassungslosigkeit und Traurigkeit. Und an einem solchen dunklen Ort können wir nicht lange bleiben. Wenn wir ein paarmal »Ich kann nicht glauben, dass mir so etwas geschieht« gesagt haben, beginnt der Satz, uns zu langweilen.

Denn: Es geschieht. Was also wollen Sie dagegen tun?

Am Ende steht jeder von uns wieder auf und bewegt sich auf die Helligkeit zu. Das ist ein ganz entscheidender Augenblick: Wir können uns dazu entschließen, noch eine Weile Winterschlaf zu halten, oder wir reißen uns los, gehen Ideen nach, suchen Inspiration und lösen unsere Probleme kreativ. Wir können unser Leben wieder zum Besseren wenden.

Ich habe durch meine Trennung mein Zuhause verloren. Mein ganzes Erwachsenenleben lang habe ich davon geträumt, mir ein »ewiges« Zuhause zu schaffen, in dem meine Kinder aufwachsen und zu dem sie eines Tages mit ihrer eigenen Familie zurückkehren würden. Und ich dachte, ich hätte es gefunden, als wir diese verschrobene kleine Hütte von einem Heimwerkertraum in einem ruhigen Vorort am Strand kauften.

Ich verbrachte die ersten vier Jahre damit, es ganz langsam zu verjüngen. Dabei ließ ich meiner Kreativität wirklich freien Lauf, da ich nicht die Absicht hatte, es je wieder zu verkaufen – also kümmerte es mich auch nicht, was andere von meinen Fähigkeiten als Innenarchitektin hielten. Am Ende lief es auf Folgendes hinaus: eine riesige Holzburg für die Kinder, das Tadsch Mahal unter den Hühnerställen, einen zauberhaften Garten voller Grünzeug und Vögel, den man von jedem Zimmer im Haus aus sehen konnte, Unmengen von Zimmerpflanzen, ein Wandgemälde im Bad, eine Küchenrückwand aus schwarzen Steinen aus Indien, einen begehbaren Wäscheschrank, ein Wohnzimmer mit deckenhohen Bücherregalen (wie in der *Bill Cosby Show)* und einen Kühlschrank in Gastronomiedimension. Ein wahr gewordener Traum!

Dann beschlossen wir, uns scheiden zu lassen. Nur acht Wochen, nachdem ich die hohen Zimmerdecken aus Kiefernholz weiß hatte streichen lassen – worauf ich seit unserem Einzug gespart hatte.

»Meine wunderschönen Decken«, heulte ich meiner Mutter am Telefon vor, als ich ihr von unserer Entscheidung berichtete.

»Ja, wirklich schade«, seufzte sie zurück.

Wir boten das Haus auf dem Immobilienmarkt an, damit wir uns den Erlös teilen und mit unserem jeweiligen Leben fortfahren konnten. Ein Bauunternehmer kaufte es und riss es ab, sobald er die Erlaubnis hatte, auf dem Grundstück Reihenhäuser zu errichten. Meine Küchenrückwand – dahin für immer.

Der Schmerz, der beim Gedanken an dieses Haus in mir aufsteigt, verlangt mir heute noch eine ungeheure emotionale Disziplin ab.

Aber wie dem auch sei: Die Kinder und ich fanden ein neues Zuhause. Es steht nicht am Strand, und die Schule ist von dort aus auch nicht zu Fuß zu erreichen. Aber es ist stark und sicher und verfügt, wie es das Glück wollte, über einen der besten Hühnerställe, die ich je gesehen habe. Das ist immerhin etwas.

»Du wirst etwas Wunderschönes daraus machen, Mum«, sagte meine Tochter zu mir, als wir das große, leere braune panzerartige Backsteinhaus das erste Mal besichtigten.

Ich werde mir auf jeden Fall alle Mühe geben, dachte ich. Das letzte Mal zumindest hatte mir das ja sehr viel Spaß gemacht. Die Google-Bilder-Suche, die Schaufensterbummel, die Schnäppchenjagden. Die Stunden mit Pinterest und Gumtree ... Je mehr ich darüber nachdachte, desto mehr aufregende neue Möglichkeiten fielen mir ein.

Für mich kam der Umschwung nicht nur damit, wieder eine Ausrede zu haben, zu shoppen und das Internet bis tief in die Nacht nach Einrichtungsgegenständen zu durchstöbern, obwohl das tatsächlich meine Lieblingsbeschäftigung ist. Meine Haltungsänderung war in erster Linie der Erinnerung an das Prinzip der Unbeständigkeit geschuldet, und nichts erinnert einen mehr an Unbeständigkeit als der Verkauf des Hauses, in dem man bis zu seinem Tod wohnen wollte. Es war schwer zu akzeptieren, dass das nicht der Fall sein würde, doch je länger ich darüber nachdachte, desto klarer wurde mir wieder, dass nichts von Dauer ist, weder das Gute noch das Schlechte. Je älter ich werde, desto tröstlicher finde ich diesen Gedanken. Mir persönlich ist das Wissen, dass schlechte Zeiten vorübergehen, viel wert.

Bislang haben wir die Unbeständigkeit und das Bedingte Entstehen als recht subtile Kräfte behandelt, und in vielerlei Hinsicht entwickeln wir uns ja auch eher langsam. Wie bei Kletterranken ist auch unser Wachstum mit bloßem Auge nicht wahrnehmbar. Hin und wieder fällt uns dann ein altes Foto vom Garten in die Hände, das uns mit einem Mal bewusst macht, zu welch mächtigem Gewächs sich der zarte, kleine Schössling gemausert hat.

Auch wir Menschen wachsen und verändern uns normalerweise so. Die Momente in unserem Leben, in denen die Veränderung plötzlich stattfindet, sind rar. Meist erkennen wir eines Tages, dass wir eine bestimmte Musik, einen bestimmten Kleidungsstil oder ein bestimmtes Wetter nicht mehr mögen. Ja, ganz richtig: Ich habe »Wetter« geschrieben. Ich habe den Großteil meines Lebens damit verbracht, die Sonne zu meiden, und jedem erzählt, wie sehr ich Hitze hasse. In den letzten Jahren habe ich jedoch eine Bali-Obsession entwickelt. Heute sabbere ich monatelang über Bali-Bildern auf Facebook und Instagram und spare auf meine jährlichen zwei Wochen Urlaub zwischen den Motorrädern und Bintang-Unterhemden von Sanur, Seminyak und der Jimbaran Bay. Meine Familie ist darüber fassungslos, aber es ist, wie es ist, und nur ein Punkt, der mich von dem Menschen, der ich früher war, unterscheidet.

Außerdem bin ich gelassener, schreie weniger rum, werde nicht mehr so schnell wütend, bin mit meinem Aussehen zufriedener und kann 20 Minuten auf dem Laufband laufen. Ohne Pause. Ich habe mich verändert. Ganz allmählich, aber definitiv bin ich ein anderer Mensch geworden, genau wie Adrian – und so sind wir auch nicht mehr romantisch kompatibel.

Unsere Trennung wurde durch die Veränderung herbeigeführt, und sie hat uns selbst auch verändert, genau wie Ihre Trennung Sie verändern wird. Der Trick dabei ist zu akzeptieren, dass sie unvermeidbar ist, und sich fortan in eine positive Richtung zu lenken. Sie können die Veränderung nicht bekämpfen oder sich unter ihr wegducken in der Hoffnung, dass schon alles gut gehen wird. Versuchen Sie, die Veränderung positiv zu beeinflussen.

Trennungen gehören zu den Ereignissen im Leben, die uns zwingen, unseren Umgang mit Veränderungen zu überdenken, ob wir nun dazu bereit sind oder nicht. Es liegt in der Natur der Sache, dass uns Trennungen mit großen Entscheidungen ganz allein lassen.

Oft fühlen wir uns dabei von außen unter Druck gesetzt und zur Eile genötigt. Auf einmal wollen alle unsere »Pläne« kennen.

»Wie kommen deine Kinder ab jetzt zur Schule?«, hat mich jede, wirklich jede alleinstehende Person in meinem Umfeld gefragt, als sie von der Trennung erfuhr. Sie wussten, dass ich um halb sechs Uhr früh bei der Arbeit sein musste, und wollten wissen, wie ich das mit der Schule machen würde.

Ich gab zur Antwort, dass ich meinen Tagesablauf ändern musste. Wollte ich ein Au-pair anheuern? Sollte ein Kindermädchen bei mir einziehen? Oder ich mit den Kindern wieder bei meinen Eltern unterkommen?

Ich weiß, dass die Entscheidung zwischen Au-pair und Kindermädchen wie ein Luxusproblem klingt, doch auf der anderen Seite war da mein Job. Pleite machte es mich so oder so, aber wieder bei meinen Eltern einzuziehen kam gar nicht infrage!

Einige meiner Freunde schworen auf Au-pairs aus dem Ausland, bis sie eines Tages eines entlassen mussten. Da war der Multikultispaß plötzlich vorbei. Eine niedergeschlagene Deutsche musste gehen, weil sie die ganze Zeit weinte, eine triebgesteuerte Polin, weil sie abends Männer ins Haus einlud, wenn sie mit den Kindern allein war. Bei der Kindererziehung gibt es keine einfachen Antworten, schon gar nicht für Alleinerziehende.

Ich wusste noch nicht, wie die Kinder morgens zur Schule kommen sollten, doch ich war mir sicher, dass mir etwas einfallen würde. Schließlich arbeiteten Adrian und ich einen Plan aus, und auch meine Schwester sprang ein, und so ist das Problem vorerst vom Tisch. Aber auch das wird sich wieder ändern. Darüber allerdings mache ich mir im Moment keine Gedanken. Ich bleibe im Hier und Jetzt, das ist schon schwer genug.

Es ist nicht leicht, Menschen gegenüber, die nach Ihren Plänen fragen, zuzugeben, ein wenig die Orientierung verloren zu haben und momentan nicht mit Antworten aufwarten zu können. Also verhält man sich wie viele andere in diesen Situationen: Man lügt ihnen das Blaue vom Himmel herunter, das sich auch noch jeden Tag ändert, je nachdem, wer fragt. Hauptsache, sie stellen endlich keine Fragen mehr!

Ich habe nicht das Geringste dagegen, Leute anzulügen, um sie loszuwerden, wirklich nicht, doch mit sich selbst müssen Sie ehrlich sein. So verlockend es auch sein mag: Glauben Sie den Mist, den Sie erzählen, auf keinen Fall selbst. Trösten Sie sich nicht mit Ihren eigenen Lügengeschichten. Irgendwann werden Sie einen verdammt guten Plan brauchen, und der beginnt damit, dass Sie sich zusammenreißen und sich den anstehenden Veränderungen stellen.

Ich weiß, dass schon das Wort »Veränderung« bei manchen Menschen Herzrasen auslöst. Sie sagen klipp und klar, dass sie Veränderungen nicht mögen – meist sagen sie das sehr ernst und sehen Ihnen dabei direkt in die Augen. Vielleicht verbinden sie es sogar mit einer abwehrenden Geste, als könnten sie damit die drohende Veränderung aufhalten. Ja, manche Menschen hassen Veränderungen. Mein Ex-Mann Adrian ist einer von ihnen. Ich glaube sogar, dass seine Angst vor Veränderung einer der Gründe ist, die ihn davon abgehalten haben, früher aus unserer Beziehung auszusteigen.

Adrian hat sich zwei Jahre nach unserem Umzug im Stuhl zurückgelehnt und mir ganz ernsthaft gesagt, er beginne langsam, sich im neuen Haus wohlzufühlen. Unglücklicherweise ist das eine Zeitspanne, in der ich allmählich beginne, mich zu langweilen und über einen neuen

Wohnort oder ein neues Domizil nachzudenken. Passt nicht so doll zusammen, stimmt's?

Trotz all der Inkompatibilität ist es Adrian und mir gelungen, zu einem ziemlich guten Team zusammenzuwachsen, wahrscheinlich, weil wir in puncto Beziehung beide lieber das Übel wählten, das wir schon kannten. Trotz der fundamentalen Unterschiede, die uns in den Wahnsinn trieben und bedeuteten, dass immer mindestens einer von uns frustriert war, brachten wir es fertig, einen gemeinsamen Haushalt, eine Familie und ein gemeinsames Leben zu organisieren, und machten uns nun Gedanken darüber, wie das allein funktionieren sollte. Die anstehenden Lebensveränderungen machten uns beiden Angst.

Selbst der entspannteste Mensch kann angesichts der Veränderungen, die eine Trennung mit sich bringt, länger an einer Beziehung festhalten, als er sollte.

Eine Trennung konfrontiert uns mit der Unbeständigkeit und mit allen Werten, die wir immer noch mit der Beziehung verbinden, auch wenn sie sich schon längst verändert hat. Sie führt uns vor Augen, dass die Beziehung, die wir zu haben glaubten, so gar nicht existierte. Bestenfalls existierte sie zwischen zwei Menschen aus der Vergangenheit, die aber längst nicht mehr die sind, die sie einst waren. Mindestens eine der beiden Parteien hat beschlossen, nicht länger eine romantische Beziehung mit der anderen zu haben. Die beiden Menschen sind nicht mehr ineinander *verliebt*.

Das steht so vielleicht nicht auf dem Zettel, den der Partner am Kühlschrank hinterlassen hat, aber genau darauf läuft es hinaus.

Wahrscheinlich hat derjenige, der als Erster ehrlich zu sich selbst war, die Trennung auf die eine oder andere Weise herbeigeführt. Und wahrscheinlich war der andere dazu noch nicht bereit und hat es vorgezogen, das nagende Gefühl, dass etwas nicht stimmt, zu ignorieren und die Angst machende Gewissenserforschung, die mit großen, unvermeidlichen Veränderungen einhergeht, zu vermeiden. Ironischerweise war es bei uns der veränderungsphobe Adrian, der zuerst etwas unternahm, während die mutig-buddhistische Meshel weiter an ihrer Selbsttäuschung hing.

Ich bin davon überzeugt, dass wir uns der Prinzipien des Bedingten Entstehens und der Unbeständigkeit tief in unserem Innersten bewusst sind. Wir wissen, dass wir jeden Tag, jede Minute von unserer Umgebung geformt werden. Wir gewöhnen uns an ein bestimmtes Leben mit einem bestimmten Menschen in einem bestimmten Haus und reden uns ein, uns nicht im Geringsten zu verändern, oder, falls doch, dann nur sehr langsam. Sich in ein unbekanntes Leben zu stürzen macht uns Angst, weil wir nicht wissen, in welche Art Mensch uns das verwandelt.

Wie früher bereits erwähnt, hätte ich mich wahrscheinlich in eine der älteren Damen beim Friseur verwandelt, wenn ich mit Adrian zusammengeblieben wäre. Ich würde heute noch mit demselben Mann im selben Haus wohnen und mir alle sechs Wochen dieselbe Frisur verpassen lassen. Durch die Trennung musste ich mich jedoch einer unbekannten Zukunft stellen – und einer unbekannten Version meiner selbst. Was, wenn ich als einsame alte Frau jahrelang tot und unentdeckt in meiner Wohnung liegen würde? Der Fernseher läuft noch, weil der Lastschrifteinzug alle Rechnungen bezahlt, aber zu Besuch kommt nie jemand, geschweige denn, dass jemand Wert darauf legen würde, mit mir zusammenzuleben.

Gruselig. Veränderungen können einen wirklich zu Tode erschrecken, wenn man sie lässt. Sie können uns das Gefühl vermitteln, den Boden unter den Füßen zu verlieren. Jedenfalls habe ich mich während meiner Trennung so gefühlt.

Stattdessen sollten wir diese Angst jedoch als Weckruf auffassen und uns intensiv mit dem Prinzip der Leere beschäftigen. Wir sollten uns dem Leben ganz neu nähern, mit klarem, offenem Geist. Wir sollten alles überdenken, was wir zu wissen glauben. Wir sollten uns neue Strategien und neue Kommunikationsarten zulegen und daran arbeiten, sowohl uns als auch andere als völlig neue Menschen zu sehen. Wir sollten vergessen, was wir über uns und andere zu wissen glaubten. Wir sollten unseren den Geist trübenden Leidenschaften auf den Grund gehen und gleichzeitig unser Mitgefühl für uns und unseren Ex kultivieren.

Und in der ganzen Zeit sollten wir uns fettarm und ballaststoffreich ernähren. Wir sollten acht Gläser Wasser am Tag trinken, nach dem Sport Dehnübungen machen, die Steuererklärung vorbereiten und öfter mit Mama telefonieren. Wir sollten mehr lesen, weniger auf dem Handy herumdaddeln und die Matratze alle drei Monate wenden.

Tja, wenn wir doch nur immer täten, was wir sollten!

Wenn Sie sich noch nicht bereit für eine umfassende spirituelle Erweckung fühlen, ist das auch in Ordnung. Es gibt noch andere Möglichkeiten, sich nach den großen Veränderungen, die eine Trennung mit sich bringt, besser zu fühlen.

Schaffen Sie sich eine gemütliche Wohnumgebung

Trennungen können zu wirklich teuflischen Wohnsituationen führen. Schlafen Sie gerade bei einer Freundin auf der Couch? Oder wieder bei Mama? Wohnen Sie noch in der Nähe Ihres oder gar bei Ihrem Ex? Dann heißt es: So schnell wie möglich raus da! Ziehen Sie in eine preiswertere, weniger prestigeträchtige Gegend oder in eine WG, wenn's sein muss – es lohnt sich. Das Gefühl, ein Zuhause zu haben, gibt uns die Kraft, die schwierigeren Probleme anzugehen. Außerdem erspart es Ihnen, mit Ihrer Mutter über Ihre Trennung zu diskutieren. Alles, nur das nicht!

Gehen Sie zum Friseur

Ich bin ein großer Fan des Trennungshaarschnitts. Ich lasse mir gerade einen Irokesenschnitt rauswachsen – ein Albtraum, ich weiß, aber der hat sich so was von gelohnt! Damit hatte ich die Frisur, die ich wollte, seit ich 14 war, und das war großartig. Haare wachsen wieder und sind deshalb die perfekte Metapher für Unbeständigkeit. Zwischen Irokese und so ziemlich jeder anderen Frisur kommt unweigerlich ein absolut lächerlicher seitlicher Vokuhila, aber zum Glück habe ich vor Kurzem Haarverlängerungen für mich entdeckt, und so sehe ich im Moment fast normal aus. Das zeigt mal wieder, dass einem Friseur immer etwas einfällt, wenn man in puncto Haare alles auf eine Karte gesetzt und verloren hat. Wie geht der alte Witz noch mal? Was ist der Unterschied zwischen einer schlimmen und einer guten Frisur? Etwa zwei Wochen.

Körperpflege

Die ist besonders wichtig, wenn es uns schlecht geht. Nehmen Sie ein ausgiebiges Bad und holen nach, was immer Sie vernachlässigt haben.

Finger weg vom Alkohol

Oder wenn Sie schon trinken müssen, dann wenigstens nicht allein und auch nicht mit jemandem, der zulässt, dass Sie betrunken telefonieren, betrunken SMS schreiben, betrunken twittern, betrunken Facebook-Nachrichten schreiben, betrunken bei Instagram posten oder – Gott behüte – Ihrem Ex betrunken einen Besuch abstatten. Erteilen Sie einer Freundin die Vollmacht, jederzeit Ihr Smartphone zu konfiszieren. Solche Aktionen gehen *immer* schlecht aus, Sie werden sie *immer* bitterlich bereuen. Übernehmen Sie die Verantwortung, und halten Sie sich derartigen Ärger vom Leib. Sollte das Kino und Eisessen mit Mama bedeuten statt Jägerbomben und Body Shots mit den Mädels von der Arbeit, dann ist das eben so.

Heulen Sie es sich von der Seele

Heulen Sie – allein oder mit Freunden, was immer Ihnen guttut, aber um Gottes willen nicht auf dem Klo im Büro. Dann heißt es nämlich für immer »Jenny, die Heulsuse aus der Buchhaltung«. Wählen Sie einen passenden Ort und den passenden Zeitpunkt zum Ausheulen, damit es Sie nicht im unpassenden Moment überkommt.

Reden Sie es sich vom Herzen

Erzählen Sie die ganze Geschichte, vom Beginn der Beziehung bis zur Trennung, aus Ihrer Perspektive. Aber erzählen Sie sie sich selbst, niemand anderem. Lassen Sie dabei auch die Wut nicht aus, und stellen Sie sich Oprahs empörte Miene angesichts all der Ungerechtigkeit vor. Das hilft und langweilt niemand anderen; Sie können es so oft wiederholen, wie Sie wollen.

Geben Sie sich Zeit

Wenn Sie sich zu früh in ein billiges Techtelmechtel mit einem jungen Hengst stürzen, um sich und der Welt zu beweisen, dass Sie »es« immer noch draufhaben, kann das böse enden. Beispielsweise auf dem Boden einer öffentlichen Toilette, wo Sie teure Hipster-Hamburger auskotzen und kein Telefon mehr haben, weil Ihre beste Freundin es konfisziert hat, bevor sie sich mit dem jungen Hengst, auf den Sie es abgesehen haben, vom Acker gemacht und dabei »Eine Runde für alle!« gerufen hat. Das habe ich jedenfalls gehört.

Als ich schwanger war, sagte mir eine Freundin, die vor Kurzem selbst ihr erstes Kind bekommen hatte, die ersten Monate nach der Geburt könnte ich vergessen. Ich wäre schon gut, wenn ich es auf die Reihe bekäme, jeden Tag zu duschen, und die Jogginghose sei für die nächste Zeit auf jeden Fall die vernünftigste Kleidungsoption. Unter keinen Umständen, so sagte sie, solle ich versuchen, mich zusammenzureißen und der Welt das Bild der perfekten Mutter vorzugaukeln, während ich achtmal am Tag die Zwillinge stillte und mich von meinem Kaiserschnitt erholte.

Ich nahm ihren Rat an – und bin sehr froh darüber. Daran musste ich neulich im Zusammenhang mit meiner Trennung denken. Sie ist ein ebenso gewaltiger Einschnitt in meinem Leben gewesen; es sollte dauern, bis ich wieder aufrecht stehen konnte – wie nach der Geburt meiner Kinder. Meine Aufgabe besteht nicht darin, dass *andere* sich mit meiner Trennung wohlfühlen, und ich muss auch nicht den Eindruck von Superwoman erwecken, die sich die Trennung wie einen lästigen Fussel vom Ärmel wischt und dann weiterpowert.

Buddha empfahl Großzügigkeit und Güte als Mittel, sich in Demut zu üben und von dem Gefühl zu befreien, von anderen getrennt zu sein. Wir haben schon über die Großzügigkeit gesprochen und dass sie unsere Probleme wieder in die richtigen Relationen bringt, damit wir uns nicht ausschließlich mit uns selbst beschäftigen. Bei einer Trennung erkennen wir, dass es auch wichtig ist, gütig zu sich selbst zu sein; wir müssen uns daran erinnern, immer noch Teil dieser Welt und des Mitgefühls ebenso würdig zu sein wie jeder andere auch.

Wir haben schon verdammt großes Glück, dass uns dieses kostbare Leben geschenkt wurde, sodass wir das Dharma studieren und anderen helfen können. Und so müssen wir uns um uns selbst kümmern, damit wir ein möglichst langes, erfülltes Leben führen können. Tun Sie, was immer nötig ist, damit Sie wieder zu Kräften kommen, und wenden Sie sich wieder der Welt zu.

Selbst wenn Sie jetzt noch nicht bereit dafür sind, werden Sie hoffentlich irgendwann zu den anspruchsvolleren buddhistischen Techniken übergehen können. Lassen Sie sich Zeit, es wird sie auch morgen noch geben – ebenso wie Ihre Probleme allerdings, die zweifelsohne wieder bei Ihnen anklopfen werden, wenn Sie sie zu lange ignorieren.

Als Adrian und ich unsere Trennung bekannt gaben, begegnete mir die Veränderung auch an Orten, an denen ich sie nie erwartet hätte. Plötzlich hing ein dunkler Schatten über den Gesprächen mit meinen Freundinnen, die uns früher immer so viel Spaß gemacht hatten. Manchmal verstummten sie mitten in einer lustigen Geschichte über ihren jeweiligen Ehemann, als hätten sie Mitleid mit mir oder gingen davon aus, ich selbst hätte nur noch traurige Geschichten zu erzählen. Vielleicht fühlten sie sich auch schuldig wegen ihrer nicht ernst gemeinten Beschwerden – immerhin hatten sie ja noch jemanden, über den sie sich beschweren konnten. Das war mir dann auch peinlich. Ich hatte keinen Mann mehr, aber wohin zum Teufel war er verschwunden? Hinter den Sofakissen? Im Trockner mit den mysteriös abhandengekommenen Socken? Er war einfach verschwunden. Natürlich wusste ich, wo sich Adrian physisch aufhielt, doch wo war meine *Vorstellung* von ihm? Gestern noch konnte ich von »meinem Mann« sprechen, heute kann ich das nicht mehr. Durfte ich immer noch lustige Geschichten über ihn erzählen, oder würde ich deshalb jetzt verbittert wirken?

Und wie sollte ich ihn in dieser seltsamen neuen Situation nennen? Meinen Ex-Mann? Oh Gott, das klang furchtbar endgültig und wirklich seltsam. War ich tatsächlich eine Frau, die einen Ex-Mann hatte? War das meine neue Identität, mit allem Drum und Dran – Vereinbarungen, abfälligen Bemerkungen, An-diesem-Wochenende-habe-ich-die-Kinder?

Allmählich wurde mir klar, dass ich vor der Trennung an eine Menge *nicht* gedacht hatte, wie denn auch, wo ich doch gar nicht wusste, was ich überhaupt bedenken musste. Mir war klar gewesen, dass sich mein Leben ändern würde, doch mir war nicht klar gewesen, in welchem Maße. Anscheinend war es von einem Tornado erfasst worden, und mir blieb nichts anderes übrig, als abzuwarten, wo und wie die Einzelteile wieder herunterfallen würden. Später erkannte ich, dass ich aktiver sein musste. Ich war die Direktorin in einem dreimanegigen Zirkus, in dem ich meinen Ex-Mann, seine Familie, meine Familie, unsere Kinder, ihre Lehrer, unsere Freunde, meine Arbeitskolleginnen, unsere Anwälte, unsere Vermittler, Finanzberater und neugierige Nachbarn bändigen musste.

Meine Eltern hatten Adrian immer sehr gemocht, wurden jetzt aber misstrauisch. Ebenso wie er ihnen gegenüber. Seine Familie bat mich auf Knien, die Kinder weiterhin sehen zu dürfen. Als ob ich ihnen das verbieten würde! Die Kinder spielten uns gegeneinander aus und flunkerten, wer von uns was gesagt hatte. Ihre Lehrer schrieben uns getrennt voneinander an und drängten uns, so schnell wie möglich unsere persönlichen Kontaktdaten zu aktualisieren für den Fall, dass irgendein Notfall eintrat und sie einen von uns nicht erreichen konnten – oder einer von uns das Schulgelände nicht mehr betreten durfte. Unsere Freunde rieten uns, uns in Geldangelegenheiten nicht mehr zu vertrauen. Dem schlossen sich unsere Anwälte und Finanzberater an und ergänzten, wir sollten am besten gar nicht mehr miteinander reden. Meine Arbeitskolleginnen meldeten mich bei Tinder an. Das kann man schon Veränderungen nennen, oder?!

Als Zirkusdirektorin gab ich mir die Erlaubnis, die Dinge auf meine Weise zu regeln und nach meinem Bauchgefühl zu handeln. Ich nahm Ratschläge an, prüfte sie aber erst nach meinen ganz persönlichen Moralvorstellungen.

Ich weiß noch, wie ich meinen Dad nach einem besonders dramatischen und unschönen Krach um Mitgefühl für Adrian bat und er nicht wusste, ob er lachen oder weinen sollte. Er hielt es definitiv für bizarr und sagte mir das auch, doch ich wollte auch meinem Dad gegenüber Mitgefühl zeigen und versuchte, ihm sanft klarzumachen, dass dies nun einmal der Weg war, wie ich damit umging, um meines inneren Friedens willen. Der genannte Vorfall hätte den Verlauf der gesamten Trennung verändern können, da wir uns beide mit Anwälten wiederfanden, die ungeheuer scharf darauf waren, die Situation zum Dritten Weltkrieg auszurufen. Es gelang uns, die Dinge wieder unter Kontrolle zu bringen – indem wir alle anderen ignorierten und miteinander sprachen.

Eines wissen wir beide mit Sicherheit: Unbeständigkeit wird es immer geben. Unser Leben wird sich immer wieder ändern, und der Tag, an dem wir aufhören, gemeinsam daran zu arbeiten, wird der Tag sein, an dem wir beide einen Teil unserer Kinder verlieren.

Natürlich haben Wandel und Veränderung auch Vorteile: Egal, wie schmerzhaft und angsteinflößend es im Moment auch sein mag, das vergeht, denn nichts, auch nicht unser armes gebrochenes Herz, bleibt, was es ist. Das Gefühl des Verrats wird vergehen, ebenso wie Schock und Wut vergehen, und selbst die Angst wird sich irgendwann verflüchtigen. Oder, wie Thich Nhat Hanh es so positiv formulierte: »Dank der Unbeständigkeit ist alles möglich.«

Die schlechte Nachricht ist, dass niemand eine Wegbeschreibung für die Zeit nach der Trennung in die Hand gedrückt bekommt. Die gute Nachricht aber ist, dass das nur daran liegt, weil der Weg noch nicht vorgezeichnet ist. Wir legen ihn mit jedem Schritt an, den wir uns von dieser vergangenen Beziehung entfernen. Wir haben die Gelegenheit, uns neu zu definieren, so zu werden, wie wir sein wollen, das Leben zu führen, das wir uns wünschen. Vielleicht besteht der erste Schritt ja in einer neuen Frisur oder einfach nur darin, unter die Dusche zu gehen. Denken Sie immer daran: Jeder Tag ist eine neue Seite im Buch des Lebens nach der Trennung.

Zweifelsohne verändert eine Trennung viele Bereiche unseres Lebens. Doch wir müssen unsere Angst vor der Zukunft besiegen, die dadurch entsteht, dass wir alles vorhersehen und eine Strategie für Probleme entwickeln wollen, die noch gar nicht existieren. Einiges von dem, was wir am meisten fürchten, wird schlicht nie geschehen – ich hoffe mal, mein jahrelanges Verwesen in der eigenen Wohnung gehört dazu. Dafür werden Schwierigkeiten auftauchen, mit denen wir nie gerechnet hätten und die uns alles abverlangen. So ist das Leben nun einmal, auch das nach einer Trennung, und wenn es uns noch so sehr wie ein Paralleluniversum vorkommt.

Im nächsten Kapitel werden wir uns mit der größten Veränderung, die mit einer Trennung normalerweise einhergeht, beschäftigen – dem Alleinsein, das, was viele am meisten fürchten. Wer hat nicht schon einmal um eine Beziehung gekämpft, nur weil er nicht wieder allein sein wollte? Zu lernen, ohne Angst vor dem Alleinsein zu leben, ändert alles. Es hilft uns zu erkennen, dass Veränderungen unvermeidlich sind. Es geht um Wachstum und darum, die Richtung dieses Wachstums zu bestimmen.

Natürlich können wir uns zusammentun und uns gegenseitig unterstützen. Wir können gemeinsam meditieren und uns austauschen. Doch letztlich müssen wir mit uns selbst zurechtkommen, uns an unsere Ziele erinnern und unseren Fortschritt überwachen. Wir sind auf uns allein gestellt, wenn der Ex uns provoziert oder unsere Angst den Geist trübende Leidenschaften in den Vordergrund drängen will. Dann liegt es an uns, »Aus!« zu rufen, ehrlich zu sein und uns zu entscheiden, wie wir mit unseren instinktiven Reaktionen umgehen wollen. Überlegen Sie, ob Sie diese Gelegenheit zur Veränderung nicht wahrnehmen wollen.

Hier noch ein guter Vorsatz für den Tag: »Heute werde

ich jede Gelegenheit nutzen, mich zum Besseren zu verändern.« Wenn Sie auch nur ein Mal an diesem Tag daran denken, sind Sie auf dem richtigen Weg.

Wenn Sie so weit sind, können Sie sich sogar auf die aufregenden Veränderungen freuen. Vielleicht war Ihre Beziehung schon lange traurig und frustrierend – jetzt haben Sie die Chance auf ein neues Leben. Ein Leben in innerem Frieden. Sie können selbst entscheiden, wofür Sie Ihr Geld ausgeben, von der Bettwäsche bis zum Pizzabelag. Stellen Sie die Möbel um, verbringen Sie Weihnachten in der Karibik, legen Sie sich quer ins Doppelbett! Finden Sie heraus, was Sie glücklich macht, und vielleicht werden Sie irgendwann auch wieder Teil einer Beziehung sein – einer besseren.

Kernpunkte

- Sie wollen eine Veränderung. Deshalb lesen Sie dieses Buch.
- Eine Trennung führt zu Veränderungen. Sie entscheiden, ob diese Veränderungen Ihr Leben zum Schlechteren oder zum Besseren wenden.
- Wir müssen aufhören, in die Zukunft zu denken, weil uns das Angst vor Veränderungen macht. Bleiben Sie in der Gegenwart, und versuchen Sie nicht, allzu weit in die Zukunft zu blicken. Versuchen Sie, sich nicht vorzustellen, wie Ihr Leben nach der Trennung verlaufen wird.
- Sie sind jetzt ein anderer Mensch als zu Beginn der Beziehung. Sie haben sich verändert. Versuchen Sie,

sich so zu sehen, wie Sie jetzt sind. Übernehmen Sie die Verantwortung dafür, sich in den Menschen zu verwandeln, der Sie sein wollen.

- Wir schreiben die Wegbeschreibung für unser Leben nach der Trennung mit jedem Schritt selbst.
- Unbeständigkeit gehört zum Dasein unweigerlich dazu. Nichts bleibt, wie es ist. Auch Schmerz und Chaos einer Trennung gehen vorüber, wenn Sie das zulassen.
- Geben Sie sich Zeit, alles muss sich erst einmal setzen. Erwarten Sie unmittelbar nach einer Trennung nicht zu viel von sich, aber geben Sie sich nicht auf.
- Vergeben Sie sich, wenn sich den Geist trübende Leidenschaften in den Vordergrund drängen.
- Wenn Sie so weit sind, freuen Sie sich auf die aufregenden Veränderungen, und lenken Sie sie in eine positive Richtung.
- Wenden Sie sich der Positivität und dem Frieden zu.
- Hüten Sie sich vor allzu großen Gesten, und denken Sie zweimal darüber nach, bevor Sie selbst massive Veränderungen initiieren, die beweisen sollen, dass Ihnen die Trennung nichts ausmacht. Es geht um wahres persönliches Wachstum.

Selbstreflexion

- Fragen Sie sich in einer schwierigen Situation: Kann ich sie als Gelegenheit zur Veränderung nutzen?

7

ALLEINSEIN VS. EINSAMKEIT

Alleinsein

Die offensichtlichste und unmittelbarste Veränderung, die mit einer Trennung einhergeht, ist das Alleinsein. Wie bereits erwähnt bedeutet in einer Beziehung zu sein, zu etwas zu gehören, auch wenn dieses Etwas möglicherweise traurig und zerrüttet ist. Die gemeinsame Geschichte und Kameradschaft einer Beziehung können mit einem anderen Menschen nicht wiederholt werden und reißen mit ihrem Verschwinden eine große Lücke in unser Leben.

Neulich hat ein erst kürzlich geschiedener Freund von mir gesagt: »Wen sonst kümmert es einen Scheißdreck, dass unser Sohn es schließlich doch noch bis ganz nach oben auf das Klettergerüst geschafft hat? Jetzt, da seine Mutter nicht mehr da ist und ich ihr so etwas nicht mehr erzählen kann, vermisse ich es. Und es würde wirklich bedürftig und traurig wirken, wenn ich sie deswegen anrufen würde. Ich habe meinen tagtäglichen Erziehungspartner verloren und fühle mich sehr allein.«

Fühlt sich mein Freund in diesen Augenblicken *allein* oder *einsam?* Das ist ein Unterschied. Alleinsein und Einsamkeit erfordern verschiedene Reaktionen. Als Erstes müssen wir wie immer ehrlich zu uns selbst sein: Was fühlen wir wirklich?

Einsamkeit ist wie die Eifersucht ein Gefühl, das uns meist peinlich ist. Es haftet ihm der Beigeschmack von Schuld an, als sei die betreffende Person für ihren Zustand selbst verantwortlich. Man erwartet von uns, dass wir ihn auch selbst wieder beheben können, indem wir mehr ausgehen oder uns mehr Mühe geben – vielleicht sogar, indem wir uns in einen liebenswerteren Menschen verwandeln. All das ist unvernünftig und unrealistisch, wie wir später noch sehen werden; im Moment wollen wir uns jedoch darauf konzentrieren, warum es in unseren Ohren würdevoller klingt, *allein* statt einsam zu sein.

Im Übrigen ist die sprachliche Ungenauigkeit keine Schande – Trennungen sind nun einmal etwas zutiefst Würdeloses!

Wenn wir uns nach einer Trennung allein fühlen, implizieren wir häufig, dass wir uns *alleingelassen* fühlen. Und das klingt stark nach ... sollen wir sagen: der Opferrolle? »Ich fühle mich sehr allein«, sagen wir, wenn wir uns überfordert und zu wenig unterstützt fühlen. Es ist ein Hilferuf, eine andere Art zu sagen: »Ich fühle mich verlassen.«

Damit will ich nicht andeuten, dass man in Beziehungen oder bei Trennungen nicht tatsächlich auf furchtbare Weise verlassen werden kann. Der oben zitierte Freund ist von seiner Ex-Frau über die Jahre auf vielerlei Arten schikaniert und ungerecht behandelt worden. Sie ist eine Narzisstin, wie sie im Buche steht. Sie wütete 20 Jahre lang durch sein Leben und sorgte dann dafür, dass sich die Scheidung als Wirklichkeit gewordener Albtraum gestaltete. Ich würde ihn niemals bitten, ihr Verhalten um Buddhas willen zu vergessen, geschweige denn zu akzeptieren, ebenso wenig, wie Buddha selbst das tun würde!

Ich würde ihn aber um *seiner selbst* willen um einen Perspektivenwechsel bitten, darum, seine Gefühle der Realität, so, wie sie jetzt ist, anzupassen. Es hat ihn viel Zeit und Mühe gekostet, wieder etwas inneren Frieden zu finden, doch er ist ohne seine Frau viel besser dran als mit ihr – auch wenn er sich manchmal allein fühlt.

Da ich bei uns diejenige war, die die Trennung initiiert hat, weiß ich genau, wie seltsam die emotionale Situation ist, in der sich mein Freund im Moment befindet. Ich habe sie jedoch nur vorangetrieben, weil ich das Gefühl hatte, Adrian habe mich bereits verlassen – in jeglicher Hinsicht außer der konkret physischen. Und das hat ein ganzes Bündel verwirrender Emotionen zur Folge.

Etwa zwei Jahre vor unserer Trennung habe ich eine Psychologin aufgesucht, vordergründig wegen zu viel Arbeitsstress; doch in den letzten Minuten unserer einstündigen Sitzung sagte ich zu ihr: »Ach ja, außerdem sollen Sie mir dabei helfen, den Mut aufzubringen, meine Ehe zu beenden.«

Ich sprang damals hundertmal am Tag zwischen »Ja, ich will mich trennen« und »Nein, ich will es nicht« hin und her, was meist nicht das Geringste mit Adrian zu tun hatte. Es war schlicht das Hin und Her zwischen Kopf und Herz bzw. – genauer – zwischen Vernunft und Angst.

Ganz gleich, wie richtig eine Trennung auch erscheinen mag: Man kann sich danach trotzdem im Stich gelassen, verlassen und allein fühlen. Wir sind enttäuscht, dass der Partner nicht der war, der er in unseren Augen hätte sein sollen – wieder einmal ignorieren wir also die Realität zugunsten unserer Fantasievorstellungen.

Mein Freund fühlt sich nicht allein, weil ihn die tobende Narzisstin nicht mehr anbrüllt, sondern weil er akzeptiert hat, dass sie eine tobende Narzisstin ist. Er hat keine Fantasievorstellung mehr, die ihn trösten könnte. Er verwendet einen Großteil seiner neu gewonnenen Freizeit und emotionalen Energie darauf, darüber nachzudenken, was es bedeutet, dass seine Ex-Frau ihn immer noch im Griff hat. Indem er sie hasst, bleibt er ihr Gefangener. Und das verletzt nur ihn selbst, nicht sie. Denn was macht sie mittlerweile? Nun, soweit ich weiß, bereist sie mit ihrem neuen Partner die pazifischen Inseln.

Wie viele andere weigerte auch mein Freund sich, der Tatsache ins Auge zu blicken, dass seine Ex niemand war, mit der er zusammenleben wollte. Dafür hatte er im Laufe der Jahre zahlreiche Vermeidungsstrategien entwickelt: Leugnen, Fantasievorstellungen, sich selbst die Schuld geben, zu viel trinken, zu viel arbeiten. Doch plötzlich wurde er mit der Wirklichkeit konfrontiert. Und das tut weh und macht einsam. Natürlich hat er allen Grund, wütend, hasserfüllt, verbittert, rachsüchtig und ängstlich zu sein – aber was nützt ihm das?

Seine Ex-Frau hat ihn mit traumatisierten Kindern und nur wenigen Mitteln, sich ein neues Leben aufzubauen, zurückgelassen, aber dafür ist er sie los. Der größte Vorteil des Alleinseins besteht darin, dass wir viel mehr Zeit und Energie in uns stecken können. Jeder Augenblick, den wir darauf verwenden, den Ex zu verfluchen, uns alleingelassen zu haben, ist verschwendet.

Lasst uns also eine Lanze für das Alleinsein brechen! Denn es ist eine wunderbare Gelegenheit, uns in all diesen verrückten buddhistischen Tugenden zu üben. Eine Trennung gibt uns die Möglichkeit, unser eigenes Entstehen zu beeinflussen. Wer selbst Kinder hat, weiß, dass eine Scheidung einen ungeheuer großen Einfluss auf ihr Leben hat. Deshalb können wir auch ihr Entstehen in dieser Zeit in eine positive Richtung lenken: indem wir ihnen den positiven Umgang mit der Unbeständigkeit, der Realität und dem Alleinsein zeigen. Das ist natürlich nicht leicht, das weiß ich sehr wohl. Mein Sohn hat mir kürzlich gesagt, er sei »zu klein, um Eltern zu haben, die in verschiedenen Häusern wohnen«. Es ist furchtbar, so etwas zu hören und dicke Tränen seine Wangen hinabrollen zu sehen, doch ich muss in der Gegenwart bleiben und mich dem, was ist, stellen. Ich muss ihm immer wieder sagen, dass wir beide, Adrian und ich, ihn sehr lieben, aber unseren Freiraum brauchen, um glücklich und in Frieden zu leben.

Ob wir nun Kinder haben oder nicht: Mit einer mit Zuversicht und Würde durchgeführten Trennung können wir anderen mit gutem Beispiel vorangehen. Das hört sich jetzt vielleicht ein wenig schwülstig an, aber ich für meinen Teil habe von der »guten« Trennung anderer tatsächlich schon profitiert. Dazu gehört beispielsweise die Scheidung von Adrians Eltern. Sie war zuerst sehr bitter – Adrian war damals noch ein Teenager –, doch in den darauffolgenden Jahren gelang es seiner Mutter und seinem Vater, eine echte Freundschaft aufzubauen, und so verliefen die

Familientreffen anschließend auch immer relativ spannungsfrei.

Das Alleinsein an sich ist nichts Unangenehmes. Stellen Sie sich die nervigste Person vor, die Sie kennen. Würden Sie lieber Zeit mit ihr verbringen, oder wären Sie dann nicht lieber allein? Die Antwort liegt natürlich auf der Hand, es sei denn, Sie haben eine tief sitzende Angst vor dem Alleinsein und fühlen sich mit jedem außer mit Ihnen selbst allein wohl.

Wenn das der Fall sein sollte, leiden Sie unter der sogenannten Monophobie. Schlimmstenfalls kann der Betroffene noch nicht einmal allein auf die Toilette gehen. Bei dieser extremen Form der Agoraphobie ist das Selbstwertgefühl des Patienten so gering, dass er glaubt, ohne die Hilfe eines anderen Menschen – manchmal eines bestimmten Menschen – nicht zurechtkommen zu können. Sollten Sie sich angesprochen fühlen, brauchen Sie einen guten Therapeuten, der Ihnen hilft, die Gründe für diese Störung herauszufinden. Ihr Partner kann das nicht leisten.

Doch auch in »normalen« Beziehungen entsteht zwischen den Partnern ein gewisser Grad der Abhängigkeit. Meist herrscht eine informelle Übereinkunft über die Aufteilung der täglichen Pflichten. Die sieht vielleicht so aus: »Ich arbeite länger, also bist du für das Abendessen zuständig.« Oder: »Du machst die Küche sauber, ich bringe den Müll raus.« Und so gibt es noch eine Million anderer Punkte, über die diese Art von informeller Übereinkunft getroffen wird. Laut ausgesprochen ergibt sie möglicherweise noch nicht einmal Sinn, dennoch akzeptieren beide Partner sie und verlassen sich diesbezüglich aufeinander. Vielleicht putzt einer immer die Dusche, während der andere nach dem Weihnachtsessen die Oma nach Hause bringt. Einer kümmert sich um die Bankeinzüge, der andere sammelt die Hundehäufchen im Garten auf. Der eine räumt die Spülmaschine ein, der andere steht auf, wenn die Kinder nachts weinen.

Das alles gleicht sich hoffentlich aus, und beide Partner sind sich zumindest irgendwie bewusst, dass sich auch der andere um irgendetwas kümmert. Ich weiß allerdings aus eigener Erfahrung, dass es ein ziemlicher Schock sein kann, wenn man den Haushalt plötzlich allein führen muss. Etwa einen Monat, nachdem Adrian in die Einliegerwohnung gezogen war – der Rasen war inzwischen ein undurchdringlicher Dschungel und stank zum Himmel nach Hundescheiße –, fragte ich mich ernsthaft, wie, nein *ob* ich und die Kinder ohne Adrians Hilfe wohl überleben könnten. Keine schöne Erfahrung, das können Sie mir glauben.

Was ich Alleinsein nannte, als ich noch verheiratet war, war im Grunde nichts anderes als Einsamkeit und ein geringes Selbstwertgefühl. Ich fühlte mich nutzlos und als Versagerin, weil es mir nicht gelungen war, meine Ehe zu retten. Ich hätte damals an meinem Selbstbild arbeiten und das Alleinsein zur Innenschau nutzen sollen. Ein geringes Selbstwertgefühl basiert auf Selbstkritik. Da wir vor, während und nach einer Trennung mit jeder Menge Kritik konfrontiert werden, ist es kaum verwunderlich, dass sie auch in unserem inneren Monolog vorkommt. Doch statt zuzulassen, dass sie uns von der Innenschau abhält, sollten wir sie als Gelegenheit willkommen heißen. Wer allein ist, hört das negative Selbstgespräch, das uns herunterzieht, plötzlich laut und deutlich und weiß gleichzeitig, dass es völlig überzogen ist. Erst dann können wir dagegen angehen und uns wieder an unsere Stärken erinnern.

Leider bin ich meinem eigenen Rat damals nicht gefolgt. Stattdessen leugnete ich die Trennung und bat Adrian fast buchstäblich auf Knien, wieder bei uns einzuziehen. Daraufhin änderten sich die Umstände allerdings. Dieses Mal war ich besser aufs Alleinsein vorbereitet, die Kinder waren älter und weniger abhängig, ich war ausgeglichener und zuversichtlicher. Dieses Mal wusste ich, dass es schwierig ist, den Haushalt allein zu führen, aber nicht so schwierig wie mit jemandem, mit dem man sich nur noch streitet. Das Alleinsein ist auf jeden Fall friedvoller!

Heute genieße ich es ganz bewusst, all das allein zu übernehmen, was mit Adrian immer mit Spannungen und Auseinandersetzungen verbunden war. Selbst etwas so Banales wie die Wahl des Fernsehprogramms nach einem langen, anstrengenden Tag ging für mich in der Regel unbefriedigend aus. Heute liege ich in meinem großen Bett, sehe mir an, was ich will, und bin verdammt froh darüber. Dasselbe gilt für die Pausenbrotdosen der Kinder, für Neuanschaffungen und für unser Lieblingshuhn, das ich ins Haus lasse, wenn es draußen sehr heiß ist. Kein Streit mehr! Wunderbar! Alleinsein ist großartig!

Beim Alleinsein geht es aber nicht nur darum, unseren Willen zu bekommen – es schenkt uns auch die Möglichkeit zum Nachdenken. Ohne Ablenkung über unser Leben nachdenken zu können ist der einzige Weg, uns bewusst zu dem Menschen zu entwickeln, der wir sein wollen. Meiden wir das Alleinsein, reagieren wir nur auf unsere Umgebung, klammern uns an kurzlebige Taktiken und Strategien und verlassen uns darauf, wie andere uns sehen, bleiben wir ein recht grob geschnitztes Stück Holz. Manchmal sehen wir es anderen, deren Leben genauso verläuft, sogar an. Ich sehe sie bei Freunden, die sich ihr Leben lang mit Drogen und Alkohol selbst gemieden haben – die willkürlichen Linien, die das emotionale Chaos gezeichnet hat. Dabei läuft es mir immer kalt den Rücken hinunter, so traurig finde ich das.

Wovor genau fürchten sich diese Menschen so sehr? Was, glauben sie, geschieht, wenn sie mit sich selbst allein sind? Fürchten sie sich wirklich davor? Das Frustrierende an Panikattacken, die ich aus eigener Erfahrung kenne, ist, dass sie im Grunde auf die Angst vor der Panikattacke selbst hinauslaufen. Ich war krank vor Sorge, wo die Panik-attacken enden sollten, was sie natürlich noch verstärkte. Schließlich wurde mir klar, dass die Panikattacke irgend-wann vorüberging. Das war absolut sicher. Und zwar, ohne dass ich mich in aller Öffentlichkeit schreiend auf dem Boden wälzte, wie ich manchmal befürchtete. Am Ende war ich immer einfach nur müde und erschöpft. Als ich das begriffen hatte, hörten auch die Panikattacken auf.

Finden Sie heraus, wovor genau Sie Angst haben, wenn Sie das Alleinsein fürchten. Denken Sie, dass Sie dann wei-nen müssen? In Ordnung. Jemand hat mal zu mir gesagt: »Ich habe Angst, dass ich nicht mehr aufhören kann, wenn ich einmal angefangen habe zu weinen.« Natürlich *hätte* sie aufgehört, aber in meinen Ohren klang das wie eine wirk-lich aufrichtige Angst.

Haben Sie Angst davor, traurig zu sein? Machen Sie sich

Gedanken darüber, wie traurig Sie möglicherweise wirklich sind? Vielleicht entdecken Sie, dass Sie richtig, *richtig* traurig sind. Aber das sind Sie ja jetzt schon, und sich dem zu stellen macht es bestimmt nicht schlimmer.

Und was wäre, wenn Sie allein und richtig, richtig traurig wären und dann eine Ewigkeit weinen würden? Was würde dann geschehen? Wahrscheinlich nichts. Allenfalls würden Sie Erleichterung verspüren, Ihren Gefühlen endlich freien Lauf gelassen zu haben. Und wenn Sie morgen wieder mit sich allein und traurig wären und weinen würden, wäre es mit Sicherheit nicht mehr so schlimm wie heute. Und übermorgen wäre es noch weniger schlimm. Der Mensch ist ein erstaunlich widerstandsfähiges Wesen. Er bewältigt Hürden und macht weiter, und Tränen und Traurigkeit sind Teil dieses Mechanismus. Lassen Sie Körper und Geist tun, was sie tun müssen, um zu heilen.

Der Buddhismus fordert uns zur Selbstreflexion auf. Ohne Selbstreflexion geht es nicht. Da kann man noch so viele Bücher über den Buddhismus lesen, sich noch so viele Buddhastatuen aufstellen und sich noch so viele motivierende Sprüche an die Wand hängen – wer nicht bereit ist, sich mit sich selbst auseinanderzusetzen, wird davon nichts haben.

Mit etwas Übung wird das einfacher und sich natürlicher anfühlen, doch zu Beginn erfordert es jede Menge Disziplin und idealerweise regelmäßige Meditation. Wenn Sie jetzt noch nicht so weit sind, also noch nicht allein meditieren oder über das Leben, die Liebe und das Universum nachdenken können, stellt das Lesen buddhistischer Bücher eine wunderbare Möglichkeit dar, den Geist zur

Reflexion zu erziehen. Denn zweifelsohne werden Sie dabei über Stellen stolpern, die Sie innehalten lassen und nachts ein Weilchen wach halten werden. Sollten Sie Ihre Gedanken und Sorgen allerdings so beschäftigen, dass Sie ernsthafte Schlafschwierigkeiten bekommen, sollten Sie sich tagsüber eine passende Zeit für die Meditation und ruhige Reflexion freihalten. Das ist wie mit dem Weinen: Wenn Sie eine passende Zeit dafür wählen, überrascht es Sie nicht in unpassenden Augenblicken.

Das Alleinsein ist insbesondere zur Erholung nach Trennungen unverzichtbar, da wir in dieser Zeit über besonders viel nachdenken müssen, dadurch aber auch enorm wachsen können. Oder, wie es in dem alten Witz heißt: Natürlich brauchen wir einen Ehepartner – wer sonst würde uns auf all unsere Fehler aufmerksam machen? Darin steckt tatsächlich ein Körnchen Wahrheit. Sicherlich ist nicht jeder Vorwurf, den Sie sich während Ihrer Trennung anhören mussten, erkenntnisträchtig; aber Sie sind im Laufe der Zeit bestimmt auf Schwächen von Ihrem Ex gestoßen, und so ist die Wahrscheinlichkeit groß, dass auch er ein paar Ihrer Schwächen aufgedeckt hat.

Indem Sie sich mit diesen Wahrheitskörnchen auseinandersetzen, können Sie sich gleichzeitig von all dem befreien, was nicht der Wahrheit entspricht. Es erfordert Geschick, das Kleinliche von der konstruktiven Kritik zu trennen, und es ist deshalb keine Schande, wenn Sie diesbezüglich Hilfe bei Freunden oder Therapeuten suchen. Nur sollten Sie die Innenschau dadurch nicht ersetzen. Die kann leider nicht ausgelagert werden.

Das Alleinsein verschafft uns die Möglichkeit, uns

intensiv mit unseren den Geist trübenden Leidenschaften, mit dem, dem wir anhaften, und mit selbstzerstörerischen Verhaltensweisen auseinanderzusetzen. Dann fügt sich ein Puzzleteilchen an das andere, mit überraschenden Ergebnissen. Uns wird klar, woran wir möglicherweise sogar seit frühester Kindheit festgehalten haben und wie dies unsere heutigen emotionalen Reflexe beeinflusst. Indem wir diesem Phänomen einen Namen geben und es der Vergangenheit zuordnen, müssen wir es nicht wieder und wieder durchleben. So können wir uns auf bessere Beziehungen in der Zukunft freuen.

*Nur wer allein sein kann, kann die Kunst
der Liebe praktizieren. Wer allein sein kann,
kann auch mit anderen zusammen sein,
ohne sie als Fluchtmittel zu missbrauchen.*
BELL HOOKS

Auch wenn uns unsere Instinkte nach einer Trennung raten, uns mit Menschen zu umgeben, um uns zu beweisen, wie liebenswert wir sind, und uns von unseren wahren Gefühlen und Ängsten abzulenken, müssen wir doch irgendwann die Tür hinter uns schließen und mit uns allein sein. Familie und Freunde haben ihr eigenes Leben, ebenso wie Nachbarn, Zufallsbekanntschaften, Kassiererinnen im Supermarkt, Friseurinnen, Barkeeper, Pizzaboten, Callcentermitarbeiter und jeder andere, dem wir von unseren Problemen erzählen, damit wir nicht allein sind.

Warum dann nicht gleich selbst die Initiative ergreifen und aus freien Stücken allein sein? Hier einige Vorschläge für Solo-Unternehmungen, die hoffentlich nicht zu traurig oder angsteinflößend klingen:

- Gehen Sie spazieren – entweder nur eine Runde um den Block oder in der Natur. Lassen Sie die Kopfhörer zu Hause, es sei denn, Sie möchten sich eine geführte Meditation anhören. Selbst sehr moderate Bewegung setzt Endorphine frei, die mit Rezeptoren im Gehirn interagieren und sowohl die körperliche als auch die emotionale Schmerzwahrnehmung dämpfen. Es ist praktisch unmöglich, sich nach einem Spaziergang nicht besser zu fühlen, warum probieren Sie es also nicht einmal aus? Und warum zum Teufel gehe ich nicht öfter spazieren?!

- Legen Sie während Ihres Spaziergangs irgendwo eine Pause ein, am besten an einem Ort, an dem es nicht allzu viel Ablenkung gibt. Cafés eignen sich nicht so sehr zum Alleinsein – wenn Sie nicht gerade eine Zeitung oder Ihr Smartphone in der Hand haben, wird die Bedienung aller Wahrscheinlichkeit nach ein Mitleidsgespräch mit Ihnen anfangen. Dann schon lieber ein Coffee to go auf der Parkbank.

- Gibt es vielleicht auch in unmittelbarer Nähe Ihrer Wohnung einen Ort, der sich zum Alleinsein eignen könnte? Ich sage es nicht gern, aber hier haben Raucher tatsächlich mal einen Vorteil. Wann immer Adrian drauf und dran ist auszuflippen, entschuldigt er sich und geht eine Weile nach draußen, um sich auf seinen

Raucherstuhl zu setzen. Es ist ein ungeschriebenes Gesetz, dass niemand ihm dorthin folgen darf, und wir müssen manchmal länger auf ihn warten, bis er zurückkommt und das Gespräch (oder den Streit) fortführt. Doch wenn er dann kommt, ist er im Allgemeinen viel besonnener als vorher. Nun müssen Sie nicht unbedingt rauchen, um rauszugehen und sich 10 bis 15 Minuten allein irgendwo hinzusetzen. Möglicherweise lohnt sich die Investition in ein schönes Outdoor-Ensemble, das Sie auf Balkon oder Terrasse lockt.

- Wenn draußen nicht Ihr Ding ist, können Sie sich auch drinnen einen schönen Platz zum Sitzen schaffen, etwa einen gemütlichen Sessel ans Fenster stellen. Ist er erst einmal da, setzen Sie sich bestimmt auch hinein.
- Nehmen Sie ein Bad, aber ohne Radio, Buch oder sonst etwas, das ablenkt. Legen Sie sich einfach ins warme Wasser und konzentrieren Sie sich auf Ihren Atem.
- Schalten Sie den Fernseher aus, wenn nichts Interessantes läuft, statt irgendetwas anzusehen, nur um die Stille zu übertönen. Legen Sie sich auf die Couch, und sehen Sie eine Weile an die Zimmerdecke.

Wenn Sie sich auf diese Art täglich auch nur fünf Minuten Ruhe gönnen, wird sich das ausgesprochen positiv auf Ihr Leben auswirken.

Üben Sie sich konsequent im Alleinsein, werden Sie bald mehr Klarheit darüber gewinnen, was Sie wirklich von einer Beziehung wollen und zu welchen Kompromissen Sie bereit sind. Denn wäre es nicht frustrierend, sich in einem Jahr in einer neuen Beziehung wiederzufinden, in der Sie dieselben Fehler machen? Dann tun Sie es nicht! Es liegt in Ihrer Hand – und in Ihrem Alleinsein. Um Fehler nicht zu wiederholen, muss Ihnen klar sein, worin genau der Fehler bestand.

Vielleicht haben Sie sich zu oft entschuldigt oder versucht, es anderen recht zu machen. Vielleicht wirken Sie zu bedürftig oder suchen zu oft nach Ablenkung, sodass Nähe schwierig wird. In einer Pause von Ihren üblichen Verhaltensmustern wird Ihnen vielleicht klar, wie sehr Sie sich in sozialer Hinsicht unter Druck gesetzt haben. Vielleicht entspannen Sie sich in Gegenwart anderer nie wirklich oder klappen nie das Visier hoch. Vielleicht fehlt Ihnen ein Ziel im Leben, wenn Sie sich nicht um andere kümmern können. All diese Faktoren können Beziehungen enorm belasten und sind schwer zu identifizieren, wenn wir nicht eine Weile in uns gehen.

Davon profitieren übrigens nicht nur Ihre Liebesbeziehungen. Mein Ex-Mann hat sich oft darüber beschwert, dass ich die Arbeit über alles andere stelle. Durch die Selbstreflexion habe ich erkannt, dass er recht hat. Ich war in meiner Karriere mittlerweile an einem Punkt angelangt, an dem ich nicht mehr jedes Projekt annehmen oder mich für Überstunden auch noch bedanken musste. Das hatte sich unter meinen Ängsten jedoch noch nicht herumgesprochen, und das bedauerliche Verhalten, das dieser den Geist trübenden Leidenschaft entsprang, war die Vernachlässigung meiner Familie. Nach Adrians Kritik und meinem intensiven Nachdenken darüber arbeitete ich viel weniger und verbrachte dafür mehr Zeit mit meinen Kindern, was meiner Beziehung zu ihnen sehr zugutekam.

Haben Sie gelernt, mit sich selbst zufrieden und glücklich zu sein, stärkt das Ihre Position in zukünftigen Beziehungen. Ist die Angst vor dem Alleinsein aus der Gleichung verschwunden, werden Sie ungute Beziehungen in Zukunft eher im Keim ersticken und ersparen sich damit viel Zeit und Ärger. Dann sitzen Sie an Samstagnachmittagen nicht mehr gelangweilt an einem See, sehen Männern beim Fahren ihrer Modellmotorboote zu und fragen sich, was zur Hölle Sie da eigentlich machen. Dann ist »Ach richtig, ich bin hier, weil *er* hier ist und ich nicht allein sein will« keine Option mehr.

Stattdessen können Sie zu Hause bleiben, Wohlfühlklamotten anziehen und nach Herzenslust an Ihrer emotionalen und spirituellen Entwicklung arbeiten – oder Achtsamkeits-Malbücher ausmalen, wenn Sie wollen. Sich auch allein wohlzufühlen bedeutet, nie wieder Interesse für die Hobbys anderer heucheln oder das eigene Hobby verbergen zu müssen. Und das ist es doch wert, oder?

Einsamkeit

Alleinsein kann etwas sehr Positives sein. Einsamkeit aber ist etwas völlig anderes. Im Zuge unserer Scheidungsvermittlung suchten Adrian und ich eine (andere) Psychologin auf. Wir haben sie nur einmal getroffen, erst gemeinsam, dann getrennt, aber sie hat uns im Handumdrehen durchschaut. Als ich mit meinem Einzeltermin bei ihr dran war, wusste sie schon bestens Bescheid, wollte mir aber speziell eine Frage stellen: »Haben Sie Angst, einsam zu sein?«

Das war zwar entwaffnend – normalerweise wird einem diese Frage nicht so direkt gestellt –, doch kam meine Antwort wie aus der Pistole geschossen: »Ich bin schon seit Jahren einsam.«

Meist erwarten andere, dass man *nach* einer Trennung einsam ist. Ich habe mehr als eine mitfühlende Freundin, die mir sagte, wie einsam ich nachts nun sein müsse, so ganz allein in meinem Bett. Doch wie bereits erwähnt, hatte ich *vor* der Trennung viel mehr das Gefühl von Einsamkeit als hinterher – heute kann ich mir kaum einen schöneren Ort für mich vorstellen als allein in meinem Bett!

Worauf ich hinauswill: Lassen Sie sich nicht einreden, dass Sie einsam sind, denn genau das wird Ihr Umfeld nach einer Trennung versuchen, wenn auch mit den besten Absichten. Ihre Freunde werden Ausflüge organisieren, anrufen, SMS und WhatsApps schreiben, Sie vielleicht sogar zu einem neuen Date drängen. Ihre wahren Gefühle und Bedürfnisse werden Sie jedoch nur durch die Innenschau herausfinden – sofern Ihre Freunde Ihnen genügend Zeit dafür lassen. Ich war ziemlich überrascht, nach meiner Trennung *nicht* besonders einsam zu sein, jedenfalls nicht jeden Tag. Ich war viel einsamer, als Adrian und ich noch vorgaben, eine Beziehung zu führen, die längst vorüber war.

Für mich hat Einsamkeit sehr viel mit In-die-Zukunft-Denken zu tun. Sie zeigt ihr hässliches Gesicht beispielsweise dann, wenn ich an etwas denke, das ich in der

Zukunft gern unternehmen würde, das traditionellerweise aber eine Paarbeschäftigung ist. Neulich haben sich zwei Arbeitskolleginnen von mir über Restaurants unterhalten. Beide hatten kürzlich ihren runden Geburtstag mit einem sehr teuren Essen in einem Weltklasserestaurant gefeiert, natürlich mit ihrem jeweiligen Partner. Einen Augenblick dachte ich darüber nach, was für eine tolle Idee das doch war – bis es mich wie ein Schlag in die Magengrube traf: Sollte ich etwa allein essen gehen?

In diesem Moment fühlte ich mich plötzlich sehr einsam – aber erst nachdem ich begonnen hatte, in die Zukunft zu denken, und das ist absolut sinnlos, denn niemand weiß, was sie bringt. Vielleicht feiere ich meinen nächsten runden Geburtstag ja mit einem neuen Partner, vielleicht aber auch nicht; wenn ich jedoch zulasse, dass derlei Spekulationen mir die Stimmung vermiesen, ist das schon ziemlich blöd.

Keinerlei Spekulationen gibt es andererseits darüber, dass Adrian und ich es mehrmals mit »Dates« in schicken Restaurants versucht haben und dass diese Abende dann meist damit endeten, dass wir kaum miteinander sprachen und jeder für sich einsam war.

Einsamkeit ist etwas sehr Abstraktes, ein Gedankenkonstrukt. Mutter Teresa hat einmal gesagt: »Einsamkeit und das Gefühl, unerwünscht zu sein, sind die schrecklichsten Formen der Armut.« Wir können uns auch in einer Menschenmenge einsam fühlen oder umgekehrt nicht im Geringsten einsam sein, auch wenn wir allein sind. Offensichtlich bedeutet Einsamkeit also nicht nur, in einem bestimmten Moment keine Gesellschaft zu haben.

Einsamkeit ist die
Armut der Seele,
Alleinsein ihr Reichtum.
MAY SARTON

Die Fähigkeit, mit sich selbst allein und dabei zufrieden sein zu können, ist sehr mächtig. Sie schenkt uns Zeit, unsere Erfahrungen zu verarbeiten und zu wachsen, und schützt uns obendrein vor schlechter Gesellschaft. Wer keine Angst vor dem Alleinsein hat, ist auch nicht so oft mit Idioten zusammen. Wenn das kein Reichtum der Seele ist!

Das Alleinsein fällt uns leichter, wenn wir uns vor Augen führen, dass ohnehin alles mit allem verbunden ist. Vergessen wir das und fühlen wir uns auch mit den Menschen, die da sind, nicht verbunden, leiden wir tatsächlich an Einsamkeit.

Sich dem Problem der Einsamkeit zu widmen erfordert leider mal wieder einige Mühe. Sie löst sich nicht einfach in Luft auf, und niemand kann sie uns »abnehmen«. Was uns jedoch hilft, ist das Konzept der Leere, das Entfernen der Etiketten, mit denen wir die Menschen und Dinge um uns herum versehen haben. »In der Wohnung ist es jetzt sehr einsam«, sagen wir vielleicht, bevor wir uns daran erinnern, dass die Wohnung erst einmal eine Wohnung ist und nichts sonst. Mit welchem Etikett wir sie versehen, liegt bei uns; wir können sie als »einsam« betiteln, ebenso gut aber auch als »friedvoll«, »freundlich«, »geräumig« oder »harmonisch«.

Nachdem Adrian in die Einliegerwohnung gezogen war,

habe ich etwas ausgesprochen Hysterisches und Lächerliches getan: Ich habe dem ganzen Haus innen einen hellgrünen, orangefarbenen und gelben Anstrich verpasst. Insbesondere das Gelb war so grell, dass einem buchstäblich schwindelig davon wurde. Ich strich nachts, als die Kinder im Bett waren, und kleckste die natürlich nicht mit Folie abgedeckten Böden und Fenster voll. Die Zwillinge waren damals erst drei, Gott allein weiß also, was sie sich gedacht haben, als sie morgens aufstanden, von einer neuen schreienden Farbe überrascht wurden und ihre Mutter mit farbeverschmierten Haaren schlafend auf der Couch fanden. Mir war damals nicht bewusst, dass alles mit allem verbunden ist – ich fühlte mich ja kaum mit meinen eigenen Kindern verbunden. Vor der Innenschau hatte ich panische Angst; stattdessen war ich besessen von der Zukunft und klammerte mich an alles, was auch nur im Mindesten hilfreich schien. Ich dachte, ich müsste das Haus umgestalten, damit ich Adrian darin nicht mehr vermisste. Ich hatte eine solche Angst vor der Einsamkeit, dass ich mir nicht einmal die Mühe machte, innezuhalten und zu prüfen, ob ich überhaupt einsam war.

Selbst wenn Sie sich diese Mühe gemacht haben und mir jetzt am liebsten ins Gesicht schreien würden: »Ich bin aber einsam, verdammt noch mal!«, gibt es immer noch eine gute Nachricht: Auch die Einsamkeit unterliegt dem Prinzip der Unbeständigkeit. Sie vergeht. Tasten Sie sich durch sie hindurch, laufen Sie nicht vor ihr weg, und holen Sie auch nicht das Neongelb aus dem Keller. Auch die Einsamkeit ist etwas Bewegliches, etwas Organisches, das sich ständig verändert. Deshalb gibt es gute und schlechte Tage und unerwartete Augenblicke der Traurigkeit bezüglich schicker Restaurants.

Während das zweifelsohne ein tröstlicher Gedanke ist, müssen wir uns umgekehrt aber auch klarmachen, dass die Menschen um uns herum, die uns aufmuntern wollen und von denen wir uns geliebt fühlen, ebenfalls unbeständig sind. Das ist eine Tatsache, und sobald wir begriffen haben, dass die Realität ständig im Fluss ist, ist das Leben viel einfacher.

Einsamkeit zuzugeben ist uns meist auch noch peinlich, was uns noch einsamer macht. Schon als Kind bringt man uns bei, immer nett zu sein und zu teilen, damit andere Kinder uns mögen und mit uns spielen – damit wir also viele Freunde haben und niemals *einsam* sind. Was wieder einmal beweist, dass Erwachsene Einsamkeit als furchtbares Schicksal erachten. »Ich glaube, sie ist einsam«, flüsterte meine Mutter mir über eine alleinstehende Freundin zu, als sei es das Würdeloseste, unter dem man leiden könnte. Irgendwie haftet der Einsamkeit immer auch der Geruch der Schuld an, als entspringe sie einer Charakterschwäche oder mangelnder Bemühung. Eines ist sicher: In den Augen der meisten Menschen ist Einsamkeit ein erbärmlicher Zustand.

Mum machte sich vor allem über zwei Frauen Sorgen, denen es partout nicht gelingen wollte, sich einen Mann zu angeln. »Sie müssen so einsam sein!«, war ihr Standardkommentar. Die beiden lebten in einer WG zusammen, reisten zusammen, verbrachten Weihnachten zusammen und kauften sich schließlich zusammen ein Haus. Wie sich herausstellte, waren sie alles andere als einsam. Sie sind auch heute noch ein Paar, hielten das bis vor einigen Jahren im konservativen ländlichen Queensland allerdings unter dem Deckel. Die Geschichte erinnert mich immer daran, dass wir schlicht nie wissen können, was hinter verschlossenen Türen vor sich geht. Mit unserer Einschätzung dessen, wer einsam ist und wer nicht, können wir meilenweit danebenliegen.

Heute gibt meine Mutter zu, dass sie selbst am einsamsten war, als sie und mein Vater zwölf Stunden am Tag in ihrem kleinen Laden geschuftet haben. Der Laden sollte ein ganz großes Familienunternehmen werden und Mum beschwichtigen, die sich darüber beschwerte, dass mein Vater nie da war, ging letztlich jedoch als die einzige Zeit in ihrer über 40-jährigen Ehe in die Geschichte ein, in der sie es ernsthaft in Erwägung zog, sich scheiden zu lassen. Ich glaube, sie sehnte sich nach dem Mann, als den sie sich meinen Vater unter diesen Lebensumständen vorstellte, der er aber definitiv nicht war. Als sichtbare und gleichzeitig symbolische Zurschaustellung ihrer Unzufriedenheit sprach meine Mum nicht mehr mit meinem Vater und legte ihren Ehering ab. Er bemerkte beides nicht, was sie sicherlich ungeheuer einsam gemacht haben muss.

Zum Glück verkauften meine Eltern den Laden und führten wieder getrennte Berufsleben, worüber sie dann abends sprechen konnten. Und damit waren alle Feindseligkeiten ebenso wie die Einsamkeit passé.

Selbst wenn viele Menschen unsere Gesellschaft wollen, können wir uns einsam fühlen, weil ein bestimmter Mensch das nicht mehr will. Aus diesem Grund denke ich auch, dass mein Freund vom Beginn des Kapitels – der,

der so traurig ist, weil er niemandem von den Klettergerüst-
erfolgen seines Sohnes erzählen kann – eigentlich einsam
ist. Denn als alleinerziehender Vater mehrerer Kinder ist er
sicherlich nie allein!

Er ist zwar ungeheuer wütend auf seine Ex-Frau, sehnt
sich aber trotzdem noch nach ihr oder zumindest nach seiner Traumvorstellung von ihr. Seiner Selbsttäuschung. Wir
sprechen oft über unsere jeweilige Trennung, und irgendwann kommt dann immer der Punkt, an dem er seufzt und
sagt: »Ach, es hätte so schön sein können!«

Wie viele andere hat auch mein Freund lange darauf
gewartet, dass mit seiner Frau doch noch alles »gut« werden
würde. Wir warten und warten darauf, dass unser Partner
»aufwacht« – oder wie auch immer wir die komplette Per-
sönlichkeitsveränderung bezeichnen, auf die wir hoffen.
Wer Glück hat, erkennt schließlich, dass das nicht passieren
wird. Aber es ist wirklich verdammt schwer, dieser Hoffnung den Garaus zu machen! Sie flammt immer wieder
auf, und dann verzehren wir uns nach unserem Ex-Partner
(oder unserer Idealvorstellung von ihm). Mit anderen Worten: Wir sind einsam.

Auch ich bin in die Falle dieser Art von Einsamkeit getappt: in die Sehnsucht nach jemandem, der so gar nicht
existiert. Ich versuche, die Falle zu umgehen, indem ich
mich mit der Wahrheit beschäftige.

Und tatsächlich habe ich den Ursprung dieses Problems
gefunden bzw. wieder ein anderer Psychologe – verdammte
Alleswisser! Und zwar gleich zu Beginn meiner Beziehung
mit Adrian.

Es hat sehr lange gedauert, bis ich das so klar sehen

konnte wie heute. Jahrelang habe ich mich damit gequält, dass ich nicht mit, aber auch nicht ohne Adrian konnte. Ich wollte aus der Ehe ausbrechen, schaffte es aber nicht. Das machte mich verrückt. Schließlich wurde mir klar, dass ich meine negativen Gefühle nur überwinden konnte, indem ich wirklich tief bohrte und bezüglich unserer Gefühle und ihrer Gründe absolut ehrlich war.

Als ich Adrian kennenlernte, sprach ich regelmäßig mit einem Psychologen über Depressionen und Ängste. Als er dann immer mehr zum Gegenstand unserer Gespräche wurde, merkte der Psychologe an, dass ich meinen neuen Freund wohl ein wenig idealisieren würde. Wörtlich sagte er, ich stellte ihn auf ein Podest, auf das Adrian wahrscheinlich nie hinaufklettern könnte. Ich habe diese Anmerkung ignoriert und viele Jahre lang nicht mehr daran gedacht – bis ich meinen wahren Gefühlen für Adrian auf den Grund gehen wollte, weil es nicht mehr zu leugnen war, dass es in unserer Ehe bröckelte.

In diesem Augenblick erkannte ich, dass wir von Anfang an eine Ehe zu dritt geführt hatten: Adrian, ich und der imaginäre Adrian. Der imaginäre Adrian sieht aus wie der echte und klingt auch so, aber in allem anderen könnten sie unterschiedlicher nicht sein.

Am Anfang waren sie sich noch ähnlicher, doch je älter wir wurden, desto mehr drifteten der echte und der imaginäre Adrian auseinander. Der echte Adrian ärgerte mich immer mehr und stellte meine Geduld immer mehr auf die Probe, während er sich in das verwandelte, was ich einen »mürrischen alten Korinthenkacker« nannte. Der imaginäre Adrian dagegen blieb jung und sorglos. Er liebte die Spontaneität und lachte die ganze Zeit, wohingegen der echte Adrian sich über die kleinste Planänderung aufregte und kaum mehr aus dem Haus ging. Der imaginäre Adrian liebte mich immer noch leidenschaftlich, der echte zuckte beim Klang meiner Stimme zusammen und schlief im Wohnzimmer.

Sie können sich nicht vorstellen, wie sehr ich mich im Augenblick nach dem imaginären Adrian sehne!

Natürlich entspricht er in jeder noch so kleinen Kleinigkeit meiner Traumvorstellung von einem Mann, denn schließlich ist er das ja auch: eine Traumvorstellung. Aber ach, er ist nicht bei mir und wird es nie sein. Meine Sehnsucht nach dem imaginären Adrian ist albern. Sie tut verdammt weh, ist aber dumm. Manchmal muss ich mir das mehrmals am Tag klarmachen, damit sie verschwindet. Ich muss innehalten, tief ein- und ausatmen, mich daran erinnern, was real ist und was nicht, und dann mit meinem realen Leben fortfahren.

Ebenso muss ich mir die Vorteile der Trennung klarmachen: meine Unabhängigkeit und eine gewisse Erleichterung in der Akzeptanz des Alleinseins, wo vorher nur Wut und Frust herrschten, weil ich mich nicht genügend unterstützt fühlte. Ich inspiriere mich selbst (!), bin begeistert von der Kraft, die ich aufgebracht habe, und dass ich mich nicht mehr davor fürchte, allein für mich und die Kinder zu sorgen. Uns geht es damit nicht nur leidlich gut – nein, wir gedeihen und sind glücklich! Ich weiß, dass ich es allein schaffen kann, und das ist ein wunderbares, befreiendes Gefühl!

Das erste Mal, als ich mich meiner Sehnsucht nach dem

imaginären Adrian stellte, war allerdings weniger inspirierend. Um ehrlich zu sein, war es verheerend. Ich stopfte es in den untersten Winkel des Wäschekorbs meiner Seele und versuchte zu vergessen, was ich entdeckt hatte. Schließlich war es so schmerzhaft, und ich hatte Adrian so lange erfolglos darum angebettelt, mir diesen Schmerz zu nehmen, dass nur noch eines half: Ich musste die Wahrheit wieder hervorkramen und ihr so lange ins Gesicht sehen, bis sie nicht mehr wehtat.

Und wie das oft so ist: Es war tatsächlich machbar, war nicht halb so schlimm wie die Vorstellung davon. Es dauerte nicht lange, sechs Monate vielleicht, bis ich mich gezwungen hatte, Adrian so zu sehen, wie er wirklich war, den imaginären Adrian heraufzubeschwören und »Finde den Unterschied« zu spielen. Je öfter ich das Spiel spielte, umso weniger schmerzhaft war es, und umso weniger schockierte mich der echte Adrian.

Als mich der echte Adrian nicht mehr so ärgerte, kam ich auch besser mit unserer Inkompatibilität zurecht. Ich musste oft an Dexter aus dem Film *The Perfect Match* denken, wie er mit seiner Roboterstimme sagt: »Bei 0 Kompatibilitätspunkten ist Adrian ganz sicher nicht der Richtige für dich.«

Ich habe Adrian früher oft vorgeworfen, dass alles so schön hätte sein können, wenn er es nicht versaut hätte. Heute denke ich nicht mehr so – auch deshalb, weil ich nicht mehr daran denke, wie schön es früher war.

Allmählich war ich fähig, mich mit dem Gedanken an eine Trennung auseinanderzusetzen, ohne dabei in Hysterie zu verfallen. Ich konnte nachts im Bett liegen und an die

Unvermeidlichkeit einer Trennung denken, ohne ins Kissen zu schluchzen und Adrian an allem die Schuld zu geben. Allmählich überwand ich den alten Reflex, der beim Gedanken an Scheidung jeden einzelnen Muskel in meinem Körper verkrampfte, und mehr noch: Ich begann sogar, über die Trennung hinauszudenken und mir vorzustellen, wie ein Leben ohne Adrian wohl aussehen und wie es sich anfühlen mochte. Ich stellte mir den Menschen vor, der ich sein konnte, wenn ich nicht länger krank vor Angst um meine Ehe war. Wer könnte ich sein, wenn ich nicht mehrmals in der Woche heulend am Strand in meinem Auto saß? Wenn ich nicht mehr darüber nachgrübelte, wie ich Adrian dazu bringen könnte, sich zu ändern?

Tatsache war, dass Adrian damals derjenige war, der er war, und wenn ich ihn so nicht lieben konnte, hatte ich auch kein Recht, mit ihm zu leben. Ihm stets und ständig Vorhaltungen zu machen und ihn zu tyrannisieren war ihm gegenüber schrecklich ungerecht. Er verdiente es, im eigenen Haus er selbst sein zu dürfen, ohne dass ihm ständig jemand sagte, er müsse sich ändern. Jeder hat das verdient, ob das nun in unsere Vorstellung passt oder nicht.

Wie Sie sicher schon bemerkt haben, bin ich ein Fan von Therapien. Ich habe mein ganzes Erwachsenenleben lang immer wieder Psychiater und Psychologen aufgesucht und bei ihnen viel Trost und Hilfe bei der Selbstverwirklichung gefunden. Weil die moderne Psychologie und die buddhistische Philosophie so gut zusammenpassen, kann ich mich meinem Therapeuten normalerweise problemlos anvertrauen und ungeheuer viel aus nur wenigen Sitzungen herausholen. Sie sind einfach Profis. Sie wissen, wie sie es schaffen, dass man sich besser fühlt; wenn Sie das im Moment allein also nicht hinbekommen sollten, kann ich Ihnen nur raten, diese Art von professioneller Hilfe zu suchen. Ihr Hausarzt kann Ihnen behilflich sein, einen guten Therapeuten zu finden.

Darüber hinaus besuche ich regelmäßig mein Dharma-Zentrum vor Ort, um mich von den Mönchen dort unterrichten zu lassen. Auch das hilft mir enorm. Manchmal führe ich auch Einzelgespräche, wenn mir etwas besonders auf der Seele liegt.

Da ich mich nach solchen Gesprächen, egal, ob beim Mönch oder beim Psychotherapeuten, immer besser gefühlt habe, zögere ich auch nicht, Ratschläge dieser Art anzunehmen. Ich musste manchmal zwar erst nach einem guten Gesprächspartner suchen, war letztlich aber immer erfolgreich. Sie können Ihren Therapeuten übrigens jederzeit wechseln, wenn Sie beide nicht kompatibel sein sollten.

Vielleicht gibt es auch einen guten Freund oder ein Familienmitglied, mit dem Sie sprechen können. Fragen Sie sie, aber seien Sie sich ihrer Grenzen immer bewusst. Als sich eine Freundin von mir einmal ihrem Vater anvertraute, brach der in Tränen aus. Das war *nicht* hilfreich. Sehen Sie auch Ihre Freunde und Ihre Familie so, wie sie wirklich sind, nicht, wie Sie sie gern hätten. Vielleicht sind sie einfach nicht das Netzwerk an Unterstützung, das Sie im Augenblick brauchen.

Wenn wir das Problem der Einsamkeit angehen, machen wir meist immer wieder dieselben Fehler, die uns postwendend in unsere Einsamkeit zurückwerfen. Hier einige davon:

Was Sie tunlichst vermeiden sollten

- Sprechen Sie nicht mit Ihren Eltern über Ihre Probleme, wenn Sie sich anschließend immer albern oder kritisiert vorkommen oder Sie am Ende diejenige sind, die *ihnen* Ratschläge erteilt.
- Sprechen Sie auch nicht mit Ihrer »Freindin«, die am liebsten nur über sich selbst spricht und über Sie tratscht.
- Rufen Sie auf keinen Fall zur Abendessenszeit Ihre verheiratete Freundin an, die vier Kinder im Alter von unter fünf Jahren hat, und erwarten Sie nicht, dass sie sich in diesem Augenblick auf Ihre Probleme konzentrieren kann.
- Treffen Sie sich nicht mit einem alten Ex. (Der war auch nicht besser, erinnern Sie sich?)
- Unterhalten Sie sich nicht betrunken mit Zufallsbekanntschaften. Jeder, der sich die Probleme eines Fremden anhört, führt irgendetwas im Schilde. Möchten Sie wirklich neben so jemandem aufwachen? Nüchtern??

Versuchen Sie es stattdessen damit

- Meditieren Sie über Leere und Unbeständigkeit. Sprechen Sie nicht mehr abwertend über das Alleinsein. Wenn Sie sich oft genug daran erinnern, dass Alleinsein etwas Positives und ein Luxus ist, werden Sie schließlich auch anders denken.
- Konzentrieren Sie sich auf die positiven Aspekte Ihres

neuen Lebens. Vielleicht hilft es Ihnen, wenn Sie sie aufschreiben, auf einen Zettel oder ein Vision Board, ganz wie Sie mögen. Schneiden Sie Bilder aus, die für Ihre Ziele stehen, und basteln Sie daraus eine Collage, die Sie sich an die Wand hängen. Atmen Sie tief durch, und sehen Sie sie an, immer wieder.

- Wenden Sie sich respektvoll (also nicht hysterisch weinend zur Abendessenszeit) an vertrauenswürdige Freunde oder Familienmitglieder. Melden Sie sich vorher an, oder treffen Sie sich mit ihnen auf einen Kaffee, und lassen Sie sie wissen, dass Sie ein bisschen einsam sind. Das hilft ihnen herauszufinden, was Sie im Moment brauchen. Ich habe vor Kurzem eine Freundin besucht, die gerade ihren Urlaubskoffer gepackt hat. Normalerweise lädt man zu so etwas niemanden ein, aber sie wusste, dass ich mich ein wenig einsam fühlte und Sehnsucht nach den Kindern hatte, die gerade bei Adrian waren. Mich besucht manchmal ein älterer ungarischer Witwer, der bei uns in der Straße wohnt und hin und wieder den kleinen Garten vor meinem Küchenfenster jätet. Er spricht wenig Englisch und ich gar kein Ungarisch, aber der Trubel bei uns scheint ihn aufzumuntern. Vielleicht fühlt er sich dann weniger einsam.
- Gehen Sie raus, und unternehmen Sie etwas. So treffen Sie Gleichgesinnte und haben Gesprächsstoff.
- Versuchen Sie es mit einer ehrenamtlichen Tätigkeit. Die eignet sich besonders gut für schüchterne Menschen, weil man dort auf jeden Fall andere kennenlernt und ein gemeinsames Thema hat. Außerdem sind Menschen, die etwas ehrenamtlich machen, bestimmt nett.

- Gehen Sie zu Ihrem Hausarzt, wenn Sie allein nicht weiterkommen. Sie werden staunen, wie hilfreich das sein kann.

Kernpunkte

- Alleinsein ist nicht automatisch dasselbe wie Einsamkeit.
- Bei einer Trennung ringt unsere Vernunft mit unseren Ängsten.
- Zuzugeben, dass man einsam ist, kann einem peinlich sein, während Alleinsein oft mit der Opferrolle und dem Verlassensein assoziiert wird. Vielleicht ist es einfacher zuzugeben, dass man »allein« ist, aber daran lässt sich schwerer arbeiten. Wir müssen uns darauf konzentrieren, wer wir sind und wohin wir wollen – nicht darauf, was man uns in der Vergangenheit angetan hat. Denn das können wir nicht mehr ändern.
- Per definitionem bedeutet Alleinsein, dass wir in keiner Fantasiebeziehung stecken. Und das ist sehr gut so!
- Allein zu sein ist ausgesprochen nützlich, weil wir dadurch die Zeit haben, an uns zu arbeiten.
- Allein zu sein gibt uns die Möglichkeit, unser eigenes Entstehen zu beeinflussen.
- Basiert Ihre Angst auf einem geringen Selbstwertgefühl, sollten Sie genau daran arbeiten. Konzentrieren Sie sich auf die Ursache, nicht auf das Symptom.
- Die Innenschau verhilft zur gesunden Selbstkritik.

- Allein zu sein ist leichter und friedvoller, als mit jemandem zusammenzuleben, mit dem man sich ständig streitet.
- Heilung beginnt mit Selbsterkenntnis. Körper, Geist und Seele verfügen über ganz erstaunliche Selbstheilungskräfte.
- Der Buddhismus fordert uns zur Selbstreflexion auf. Die fällt mit zunehmender Übung immer leichter.
- Etwas über den Buddhismus zu lesen ist ein guter Anfang zur Innenschau.
- Das Alleinsein hilft uns dabei, die zerbrochene Beziehung und andere schmerzhafte Erfahrungen zu verarbeiten.
- Das Alleinsein hilft uns dabei, die Vergangenheit Vergangenheit sein zu lassen.
- Zu lernen, auch allein glücklich und zufrieden zu sein, bedeutet, sich nie wieder an jemanden zu klammern. Es bedeutet Freiheit.
- Einsamkeit ist die Armut der Seele, Alleinsein ihr Reichtum.
- Einsamkeit entsteht, wenn wir vergessen, dass alles mit allem verbunden ist.
- Lassen Sie sich nicht einreden, Sie seien einsam, wenn Sie es gar nicht sind.
- Denken Sie immer an das Prinzip der Unbeständigkeit! Die Einsamkeit hört irgendwann auf, ebenso wie das Zusammensein mit anderen. Niemand kann Ihnen die Einsamkeit abnehmen. Bestenfalls können andere Sie eine Weile davon ablenken.
- Eine Psychotherapie passt wunderbar zur buddhis-

tischen Philosophie. Holen Sie sich bei beiden Hilfe, wenn Sie welche brauchen.

- Wenden Sie sich an Freunde und Familie, aber immer respektvoll und realistisch. Zufallsbekanntschaften sind meist keine gute Idee.

Selbstreflexion

- Was wird in Ihrem Leben die Oberhand behalten: Ihre Vernunft oder Ihre Ängste?
- Setzen Sie möglicherweise gefährliche Strategien ein, um das Alleinsein zu vermeiden?
- Haben Sie Angst vor dem Alleinsein? Warum?
- Ist es die Tiefe Ihrer Emotionen, die Sie fürchten?
- Sehnen Sie sich nach einer Fantasievorstellung, die Sie sich selbst geschaffen haben?
- Heißen Sie die Vorteile Ihrer Trennung willkommen. Wer sind Sie ohne den Kampf um diese Beziehung?
- Denken Sie immer an das Prinzip der Leere! Welche wenig hilfreichen Etiketten verstärken die Vorstellung, Sie seien einsam?

8

WEISHEIT UND MITGEFÜHL

Obwohl es sich zunächst wie ein ungleiches Paar anhören mag, gehören Weisheit und Mitgefühl für Buddhisten zusammen wie für unsereinen Pech und Schwefel. Sie mögen zunächst auch nicht viel mit dem Thema Trennungen zu tun haben, sind aber entscheidend für den Heilungsprozess.

Weisheit ist immer vonnöten, wenn wir unversehrt durch eine Trennung kommen wollen – und ganz besonders dann, wenn jemand versucht, aus einer Missbrauchsbeziehung auszubrechen. Jede Trennung ist verstörend. Wir können nicht wissen, ob wir das Richtige tun, weil es »das Richtige« in Wirklichkeit gar nicht gibt. Es gibt nur Aktionen und Reaktionen, Ursache und Wirkung. Was immer Sie auch tun, Sie setzen damit etwas anderes in Gang. Was genau das ist, wissen wir oft nicht, wenngleich einige Folgen wahrscheinlicher sind als andere. In einer Missbrauchsbeziehung zu bleiben hat mit großer Wahrscheinlichkeit negative Folgen, doch sie zu verlassen ist manchmal noch beängstigender. Statistiken belegen, dass es für eine Frau in einer gewalttätigen Beziehung am gefährlichsten ist, kurz nachdem sie die Beziehung beendet hat. Aus diesem Grund müssen wir das buddhistische Konzept des Nicht-in-die-

Zukunft-Denkens mit dem der Weisheit verbinden. Eine Trennung erfordert in der Regel Planung, ganz besonders die Trennung von einem gewalttätigen Menschen. Wenn Sie glauben, in einer gefährlichen Situation zu sein, sollten Sie sich auf jeden Fall zuerst alle Unterstützung holen, die Sie kriegen können, bevor Sie Ihren Partner verlassen.

Die Sache mit dem Mitgefühl ist kniffliger, weil sie in unserem modernen westlichen Denken nicht unbedingt verankert ist. Mitgefühl für einen Ex-Partner zu kultivieren kommt uns oft nicht in den Sinn, eher schwören wir, ihm niemals zu verzeihen. Möglicherweise sind wir sogar von Menschen umgeben, die es für ihre Pflicht halten, uns vom Mitgefühl abzuhalten. Doch Mitgefühl für jemanden zu empfinden, der uns verletzt hat, ist ungemein förderlich für unseren Heilungsprozess und unser zukünftiges Glück. Es ist das genaue Gegenteil vom Festhalten an der Wut und Verbitterung, bedeutet aber nicht, dass Sie sich – im Fall einer Missbrauchsbeziehung – erneut der Gefahr und Manipulation aussetzen müssten. Mitgefühl kann aus der Ferne praktiziert werden, meist ist das sogar einfacher. Es geht nicht darum, dass derjenige weiß, dass Sie Mitgefühl für ihn empfinden – es geht um Ihren inneren Frieden.

Leider wird in unserer modernen westlichen Gesellschaft Mitgefühl häufig mit mangelnder Weisheit gleichgesetzt. Menschen, die dem Mitgefühl eine hohe Priorität einräumen, werden in guter alter Stammtischmanier als sentimental oder als »Gutmenschen« beschimpft. Mit Mitgefühl komme man nicht weit, heißt es vonseiten derjenigen, die an das alleinige Evangelium von Geld und Macht glauben. Nun, diese Typen scheuen sich dann entweder nicht, für

Geld auch zu lügen, oder es sind einfach ignorante Idioten. Auf sie kommen wir im Zusammenhang mit dem Thema »Karma« noch einmal zurück.

Ich überlasse es dem Chef zu tun, was er am besten kann, nämlich potenziell verwirrende Begriffe und die dahinterstehenden Konzepte mit einfachen Worten zu erläutern. In *Der buddhistische Weg zum Glück: Das Herz-Sutra* schrieb Seine Heiligkeit der 14. Dalai Lama: »Für Buddhisten ist Mitgefühl ein Bestreben, ein Geisteszustand, der darauf abzielt, andere vom Leiden zu befreien. Mitgefühl ist nicht passiv, keine Empathie allein, sondern eher ein empathischer Altruismus, der aktiv bemüht ist, anderen das Leiden zu nehmen. Aufrichtiges Mitgefühl muss beides haben: Weisheit und liebende Güte. Wir müssen also sowohl die Natur des Leidens verstehen, von dem wir andere befreien wollen – dies ist die Weisheit –, als auch eine tiefe Nähe und Empathie mit anderen fühlenden Wesen empfinden – dies ist die liebende Güte.«

Aus buddhistischer Sicht sollten wir uns demnach nicht nur selbstlos Gedanken um andere machen, sondern auch versuchen, ihnen zu helfen und ihr Leiden zu lindern. Das ist der Unterschied zum Mitleid: Zum Mitgefühl gehört es, den Hintern hochzukriegen und etwas zu tun!

Seine Heiligkeit wird sehr leidenschaftlich, wenn es um Altruismus geht, und hat bisher bei jedem Vortrag, den ich gehört habe, darüber gesprochen, unabhängig vom eigentlichen Thema. Oprah gegenüber hat er gesagt: »Altruismus ist die wahre Quelle des Glücks.«

Und wie recht er damit hat! Ich habe durch den Altruismus ein nie zuvor gekanntes Glück erfahren. Eine echte

Wunderdroge, das muss ich schon sagen! Ich bin von Natur aus ein ausgesprochen aktiver Mensch – nicht im Sinne von Zumba-aktiv, eher im Sinne von Ich-tu-was-aktiv – und habe mich durch das Praktizieren von Mitgefühl und Altruismus wie ein echter Buddhist gefühlt. Ich habe jede Gelegenheit dazu genutzt, vom Aus-dem-Auto-Springen, um alten Damen die Einkaufstüten zu tragen, bis zur ehrenamtlichen Mitarbeit bei Dharma-Veranstaltungen im ganzen Land, und konnte damit viele andere buddhistische Vorstellungen in meinen Alltag integrieren. Ich liebe den Altruismus!

> ALTRUISMUS bedeutet das aktive Praktizieren selbstloser Nächstenliebe und damit das Gegenteil von Egoismus.

Leider habe ich die Sache mit der Weisheit dabei jedoch ein wenig aus den Augen verloren.

Es gibt ein altes theosophisches Sprichwort: Wenn der Schüler bereit ist, wird der Lehrer erscheinen. Und mein Lehrer erschien in Form eines engelsgleichen kleinen weißen Plüschmopps von einem Hund und trug den Namen BJ (für Bobby Junior, da er wie der Zwillingsbruder meines anderen Hundes Bobby aussah).

Rund einen Monat, nachdem wir ihn aus dem Tierheim geholt hatten, sprang BJ etwa dreimal so hoch, wie er groß war, um den Pizzaboten in die Hüfte zu beißen. Wir waren absolut schockiert, denn bislang war er – der Hund – immer sehr brav gewesen. Der Pizzabote war verständlicherweise nicht minder schockiert. Ich entschuldigte mich tausendmal bei ihm, und er war so freundlich, kein weiteres Wort mehr darüber zu verlieren, doch in den darauffolgenden Jahren wurde es mit BJ immer schlimmer. Am Ende hatte er jedes Mitglied der entfernteren Verwandtschaft sowie mehrere Nachbarn gebissen, nachdem es ihm gelungen war, sich einen Fluchtweg aus dem Garten zu graben.

Ich habe sehr viel Geld für spezielle Hundetrainings bei unterschiedlichen Anbietern in zwei verschiedenen Bundesstaaten ausgegeben – umsonst. Eines Tages klingelte ein Nachbar bei uns, um uns mitzuteilen, BJ sei wieder einmal ausgebüxt und habe ihn auf seiner Auffahrt attackiert. Apropos Mitgefühl: Dieser Nachbar war ein Meister darin. Er sagte: »Es tut mir leid, Schätzchen, ich verstehe ja, dass Sie es mit dem Hund wieder und wieder versuchen, aber irgendwann haben Sie keine Wahl mehr. Entweder kümmern Sie sich um ihn, oder die Stadt wird es tun. Ich werde mich nicht über ihn beschweren, aber der Nächste vielleicht.«

Schließlich wurde BJ eingeschläfert, nachdem weitere Monate intensiven Trainings ihm nicht helfen konnten. Anschließend hatte man ihn eingeäschert und mir die Asche in einer kleinen Holzschachtel mit einem Metallschildchen zugeschickt, auf dem schlicht »BJ« stand. Ich war am Boden zerstört; meine Kinder glauben heute noch, dass er mit vielen anderen Hunden auf einer Farm lebt, also erwähnen Sie es bitte nicht, sollten Sie sie zufällig treffen.

Ich schämte mich, darüber zu sprechen, hatte durch meine katholische Erziehung aber das Gefühl, beichten zu müssen, was ich getan hatte, und meine gerechte Strafe dafür zu bekommen.

Ich fuhr nach Paraparap im ländlichen Victoria und

besuchte meinen tibetischen Lehrer Geshe Sonam im Drol Kar Buddhist Centre. Er ist so etwas wie ein buddhistisches Wunderkind, weil er ein Geshe, eine Art Buddhismus-Professor, wurde, als er noch sehr jung war. Er ist also mehr als befugt, mit solchen wie mir kurzen Prozess zu machen. (Nicht dass buddhistische Mönche viel von Strafe halten, aber bei meinem katholischen Hintergrund erwartete ich, irgendeine Form von Buße tun zu müssen.)

Er hörte mir aufmerksam zu, als ich ihm die ganze traurige Geschichte erzählte, und lächelte dann sanft.

»Das ist nicht deine Schuld«, sagte er. »Du hast es jahrelang versucht, aber er hat andere verletzt.«

»Aber ich habe ihn getötet!«, platzte es aus mir heraus. Hatte er diesen Teil der Geschichte irgendwie überhört?

»Hm«, sagte er nachdenklich. »Wenn ich eine Maus im Haus habe, töte ich sie auch.«

»Du *tötest?*«, fragte ich mit vor Schreck geweiteten Augen.

»Ja«, entgegnete er. »Natürlich! Eine Maus bedeutet viele Mäuse. Viele Mäuse machen Menschen krank und knabbern das Haus kaputt. Vielleicht bricht ein Feuer aus. Ich muss die Menschen und das Haus schützen. Also muss ich Mäuse töten.«

Er fuhr fort: »Der kleine Hund hat durch das Beißen viel schlechtes Karma angehäuft. Du hast damit Schluss gemacht. Du hast auch schlechtes Karma angehäuft, weil du dir einen Hund gehalten hast, der anderen wehgetan hat. Auch damit hast du Schluss gemacht. Jetzt kann der Hund ins nächste, hoffentlich bessere Leben wechseln. Das ist alles.«

»Das ist alles?«, fragte ich entgeistert zurück.

»Ja, das ist alles!«, erwiderte er mit einer wegwerfenden Handbewegung, als wollte er sagen: Das nächste Mal stellst du mir aber eine schwierigere Aufgabe, okay?

»Kein Mitgefühl ohne Weisheit mehr, in Ordnung?«, schloss Geshe Sonam, als ich wieder ins Auto stieg. »Google das mal.«

Ich habe es gegoogelt, was meine Sicht auf vieles verändert hat, inklusive der Sicht auf meine Ehe. Buddha war der Ansicht, es sei ungeheuer wichtig, Mitgefühl für Menschen zu entwickeln, die uns verletzt haben, selbst für Menschen, die uns verletzen wollen. Und so bitte ich auch Sie darum, etwas anscheinend völlig Verrücktes, Jämmerliches und vielleicht sogar potenziell Gefährliches zu tun: weises Mitgefühl für Ihren Ex zu empfinden.

Vielleicht denken Sie, Sie hassen Ihren Ex, vielleicht hat er Ihnen auch etwas Schreckliches angetan – aber vergessen Sie nicht, was es bedeutet, an der eigenen Wut festzuhalten.

Das Gegenteil davon bedeutet, Mitgefühl für den betreffenden Menschen zu entwickeln. Schließlich und endlich sollten wir immer daran denken, welche Kämpfe der andere auszustehen hat, und ihm von Herzen wünschen, frei von Leid zu sein, auch wenn es sich dabei um jemanden handelt, der uns wehgetan hat. *Vor allem*, wenn es sich um einen solchen Menschen handelt, denn dann wird uns unser Mitgefühl große Dienste leisten, diese Verletzungen heilen zu lassen.

Ich kenne meinen Ex-Mann sehr gut und weiß, welche Kämpfe er auszustehen hat. Ich habe mich im Laufe der Jahre durch seine Taten und Worte ausgesprochen verletzt, wütend und enttäuscht gefühlt, komme jetzt aber darüber hinweg, wenn ich mir vor Augen halte, was er durchmacht. (In erster Linie, weil er jetzt ja nicht mehr da ist, um mich zu ärgern!)

Das fällt Ihnen im Moment sicherlich sehr schwer. Sollten Sie das Pech haben, dass Ihr Ex es darauf abgesehen hat, Sie auch weiterhin zu ärgern, stehen Ihnen noch schwierigere Zeiten bevor. Dafür ist aber auch der Lohn größer: Wenn es Ihnen gelingt, Ihren Ex allein mit der Macht Ihrer emotionalen Disziplin abzuwehren, wird Ihnen das ein ungeheures Selbstvertrauen bescheren. Ein Selbstvertrauen, das alles ändert.

Vergessen Sie dabei aber die Weisheit nicht! Bringen Sie sich nicht selbst in eine verletzliche Position oder gar in eine gefährliche Situation. Ihr Ex muss noch nicht einmal wissen, dass Sie Mitgefühl für ihn entwickeln wollen. Das ist eine Sache zwischen Ihnen und Ihrem Verstand und hat nichts damit zu tun, schlechtes Benehmen zu akzeptieren oder zu entschuldigen.

Ich habe Seine Heiligkeit einmal gefragt, wie es ihm gelingt, Mitgefühl für China zu entwickeln – nach annähernd 70 Jahren der brutalsten Unterdrückung und des kulturellen Genozids am tibetischen Volk. Er antwortete, zuallererst empfinde er Mitgefühl für die Chinesen, die ebenfalls leiden. Selbst die Regierungsbeamten, die die Politik durchsetzen, leiden. Er legte allerdings Wert auf die Unterscheidung zwischen Mitgefühl und Schwäche. »Wir sollten nicht zulassen, im Namen des Mitgefühls in die Opferrolle gedrängt zu werden.« An dieser Stelle kommt wieder die Weisheit ins Spiel.

Hier einige Vorschläge, wie wir Weisheit und Mitgefühl in unserem Leben verbinden können.

- Versuchen Sie, sich das Verhalten Ihres Ex-Partners als etwas vorzustellen, das in ihm angesiedelt ist – nicht als etwas, das in Ihr Innerstes reicht. Es hat nur Einfluss auf ihn selbst, nicht auf Sie. Es verletzt Sie nicht. Im Grunde sollten Sie versuchen, Ihre Emotionen und Urteile aus der Situation herauszuhalten. Überlegen Sie, was hinter dem Verhalten stecken könnte, als würden Sie ein Forschungsobjekt studieren, nicht jemanden, den Sie einmal geliebt haben.

- Versuchen Sie nicht, Probleme zu lösen, auch nicht im Kopf. Versuchen Sie, sich nicht in Enttäuschung darüber zu verstricken, dass der andere es nicht schafft, an sich selbst zu arbeiten. Keine Emotionen, keine Werturteile, nur Beobachtung.

- Auch keine Schuldzuweisungen! Vielleicht hat seine Mutter eine Menge Fehler gemacht, aber auch für sie sollten Sie Mitgefühl empfinden.

- Erinnern Sie sich daran, dass das nicht Ihr Problem, sondern das des anderen ist. Wenn er nicht daran arbeitet, kann es auch nicht gelöst werden. Mitgefühl bedeutet, sich zu wünschen, dass die Probleme anderer verschwinden; es bedeutet nicht, sich hineinzustürzen und zu versuchen, sie zu lösen. Sie können unterstützend wirken, wenn das klug ist, aber Sie können anderen die Arbeit an sich selbst nicht abnehmen.

- Niemand wird als guter oder schlechter Mensch geboren. Wir sind alle das Produkt unseres Bedingten Entstehens, es gibt also eine Ursache für all unser Leiden. Woran haftet Ihr Ex-Partner an?

Der letzte Punkt ist ein potenzielles Minenfeld. Vielleicht können Sie Ihrem Ex-Partner helfen, indem Sie sein Augenmerk auf das Prinzip des Anhaftens lenken. Wenn Sie das für eine gute Idee (für weise) halten, versuchen Sie es. Seien Sie aber bitte vorsichtig, und denken Sie immer daran: Es geht nicht darum, Ihren Ex zu ändern!

Während ich das schreibe, bin ich mir sehr wohl bewusst, dass es Leser geben mag, die vor und vielleicht auch nach ihrer Trennung mit Gewalt in der Familie konfrontiert wurden. Wie bereits erwähnt, ist die Zeit unmittelbar nach dem Ausstieg aus einer gewalttätigen Beziehung die gefährlichste; Menschen, die den Drang verspüren, Partner und Familie zu kontrollieren, können leicht ausflippen, wenn sich ihre Opfer behaupten und gehen. Das Verhalten der Täter ist mitunter unberechenbar – gehen Sie deshalb bitte auf gar keinen Fall ein Risiko ein.

Sollte Ihr Ex-Partner der Vorstellung anhaften, Sie seien sein Eigentum, dann wird kein noch so großes Mitgefühl Sie Frieden finden lassen, dann haben Sicherheit und Privatsphäre Vorrang. Denken Sie daran: Mitgefühl ist nicht gleich Schwäche. Mitgefühl bedeutet auch nicht, die Opferrolle zu akzeptieren, ebenso wenig wie einem anderen Menschen wiederholt eine Chance zu geben und eine Entschuldigung nach der anderen anzunehmen. Die Realität wird durch Taten, nicht Worte bestimmt. Und wenn die Taten Ihres Ex-Partners anhaltend respektlos und/oder angsteinflößend sind, sollte das Mitgefühl definitiv aus einiger Entfernung praktiziert werden. Dasselbe gilt für die Lehren, die wir aus der Beziehung ziehen.

Das Mitgefühl mit sich selbst steht an erster Stelle. Lama Yeshe, ein sehr hochrangiger Lama, sagte: »Sei erst sanft zu dir selbst, wenn du zu anderen sanft sein willst.«

Bei manchen Menschen löst das Schuldgefühle aus, doch hat das Mitgefühl mit sich selbst nichts mit Selbstmitleid, Sich-gehen-Lassen oder Selbstsucht zu tun. Ein alter Freund von mir ist seit etwa 30 Jahren heroinabhängig. Ich habe nie einen selbstsüchtigeren Menschen kennengelernt: Er lügt und bestiehlt die, die ihm wieder und wieder freundlich begegnen – dafür ist er sogar berüchtigt. Wann immer ein neuer Freund auftaucht und seine alten Freunde diesbezüglich um Hilfe bittet, können wir nicht anders und müssen lachen. Wie gelingt es einem Mann, der so bekannt für seine Unehrlichkeit ist, immer wieder, andere zu beschwatzen?

»Könntet ihr ihn vielleicht um die 50 Dollar bitten, die ich ihm für das Buch gegeben habe, das er mir nie geschickt hat?«, fragte uns neulich jemand.

»Klar«, antwortete ein anderer aus der Runde grinsend, »und wenn ich schon mal dabei bin, frage ich ihn auch gleich nach den 100 Dollar, die ich ihm 1994 geliehen habe.«

Irgendwie kann man diesem Tunichtgut nicht böse sein, aber er empfindet definitiv kein Mitgefühl mit sich selbst. Ich glaube sogar, dieser absolute Mangel an Selbst-Mitgefühl wirkt wie ein Vakuum: Er saugt Mitgefühl von anderen in sich auf. Ich kenne niemanden, der sich selbst weniger liebt und von anderen mehr geliebt wird. Seine ältesten Freunde haben inzwischen gelernt, dem Mitgefühl einen guten Schuss Weisheit beizumischen – und ihm schon lange kein Geld mehr geliehen. Von Zeit zu Zeit *geben* wir ihm Geld, was etwas völlig anderes ist.

Wir wissen genau, welche Kämpfe er auszustehen hat, was die Ursachen dafür sind und woran er anhaftet – er weiß das selbst nur allzu gut –, und doch bringt der arme Mann einfach kein Mitgefühl mit sich selbst auf. Und so dreht es sich weiter, das Hamsterrad, das seit 30 Jahren in Betrieb ist, das Hamsterrad der Selbstsabotage.

Ich kultiviere das Mitgefühl mit mir selbst auf folgende Weisen:

- Ich denke darüber nach, dass ich einer von Milliarden Menschen bin, die auf diese Welt gekommen sind. Ich stelle mir mich als Baby vor, das von allen anderen Menschen auf diesem Planeten umgeben ist.
- Ich erinnere mich daran, dass ich mit meinen eigenen den Geist trübenden Leidenschaften zu kämpfen habe, ebenso wie mit den Folgen der den Geist trübenden Leidenschaften der Menschen um mich herum.
- Ich blicke über den Tellerrand hinaus auf die Natur, die voller eigener Kräfte steckt und sich keinerlei Gedanken darüber macht, welchen Einfluss diese Kräfte auf mich haben. Regen und Wind interessieren sich nicht dafür, ob das für mich auch in Ordnung ist. Das Sonnensystem dreht sich um sich selbst, ohne nachzufragen, ob mir dabei vielleicht schwindelig wird. Kleine Hunde beißen Pizzaboten, ohne sich der Folgen für mein – oder ihr – Karma bewusst zu sein.

- Ich mache mir klar, dass auf dieser Welt eine Menge passiert und ich nur ein kleines Ding bin, das versucht, das alles positiv zu beeinflussen. Ich werde versagen, ich werde vergessen, ich werde Dummheiten machen und mich manchmal wie ein Vollidiot aufführen – aber ich werde bis zu meinem letzten Atemzug versuchen, es besser zu machen.

Alles in allem versuche ich, auch einmal nachsichtig mit mir zu sein. Ich kümmere mich altruistisch um meinen Geist und meinen Körper und suche nach Möglichkeiten zu wachsen. Spirituelles Wachstum hilft mir dabei, das Mitgefühl für mich selbst aufrechtzuerhalten, weshalb ich es auch nicht so oft von anderen erwarte. Ich bin unabhängiger und nützlicher für andere. Sie wissen schon, wie im Flugzeug: Erst selbst die Sauerstoffmaske anlegen, dann anderen helfen.

Wenn Sie das Leben einmal auf diese Weise betrachten, fällt Ihnen Mitgefühl vielleicht ein wenig leichter. Stellen Sie sich die unhöfliche Kassiererin als ein kleines Reiskorn im Nasi Goreng des Daseins vor. Können Sie ihr dann immer noch böse sein?

Kernpunkte

- Mitgefühl ist kein passives Mitleid. Mitgefühl bedeutet, sich und anderen aktiv dabei zu helfen, das Leiden zu überwinden.
- »Altruismus ist die wahre Quelle des Glücks.«
- Mitgefühl ohne Weisheit ist disziplinlos und potenziell gefährlich.
- Es ist wichtig, Mitgefühl für Menschen zu entwickeln, die uns verletzt haben.
- Wenn es uns gelingt, Mitgefühl für unseren Ex-Partner zu entwickeln, wird sich dadurch alles ändern.
- Nie die Weisheit vergessen!
- Mitgefühl bedeutet, weder Schwäche noch die Opferrolle zu akzeptieren.
- Mitgefühl kann auch aus der Ferne praktiziert werden. Man muss zu demjenigen, für den man Mitgefühl empfindet, nicht notwendigerweise Kontakt haben. Nutzen Sie die Weisheit, um sich sichere Grenzen zu schaffen.
- Mitgefühl für sich selbst ist ebenso wichtig und bedeutet nicht, selbstsüchtig oder egoistisch zu sein. Jeder Mensch hat Mitgefühl für sich selbst verdient. Es hilft uns dabei, unabhängig zu werden und anderen nützlich zu sein.

9

KARMA

Vor Kurzem hat eine Frau bei mir im Radio angerufen und fröhlich die Geschichte erzählt, wie ihr Mann mit der besten Freundin durchgebrannt ist und sie völlig mittellos zurückgelassen hat. Deswegen war sie wahrscheinlich weniger fröhlich, nein, den Grund für ihre Heiterkeit offenbarte sie mir zum Schluss: »Mittlerweile sind sie geschieden, und er ist pleite – Karma halt.«

Die Entdeckung des Karmas war für uns westliche Menschen ausgesprochen aufregend, denn im Gegensatz zur jüdisch-christlichen Vorstellung des Jüngsten Gerichts – das wahrscheinlich in einem absolut grandiosen Gerichtssaal irgendwo in den Wolken nach unserem Dahinscheiden stattfinden wird – verspricht uns das Karma, noch in diesem Leben Zeuge der gerechten Strafe anderer werden zu können. Ein wirklich vergnüglicher Gedanke!

Ich habe Verständnis dafür, dass die Anruferin vom Unglück ihres Ex-Mannes mehr als begeistert war, bezweifle aber, dass es sich dabei um Karma handelte – zumindest nicht um die Art Karma, die sie gemeint hat. Das Konzept des Karmas ist oft falsch übersetzt und dementsprechend falsch verstanden worden. Ich würde zwar gern glauben,

dass der aggressive Fahrer, der mich auf der Autobahn geschnitten hat, gleich selbst in ein ärgerliches, wenn auch
nicht lebensbedrohliches Verkehrsdrama verwickelt wird,
an dem ich dann die Freude habe, vorbeifahren zu dürfen,
doch gilt diese Form des »Sofort-Karmas« als eher selten. Wer also
auf den Niedergang des Ex war-tet, muss sich möglicherweise auf

> KARMA bedeutet die Beziehung zwischen Ursache und Wirkung.

ein langes Warten einstellen; tatsächlich findet er vielleicht
nie statt, und so gibt es vermutlich gesündere Obsessionen,
denen man frönen kann. Mit Sicherheit gibt es produktivere
Beschäftigungen.

Verabschieden Sie sich von der Vorstellung, es ginge
Ihnen besser, wenn jemand bekommt, was er verdient,
denn das werden Sie vielleicht nie erleben. Streichen Sie
den Faktor seines Erfolgs oder Misserfolgs aus Ihrem Leben.

Shakyamuni Buddha ist während seiner Erleuchtung
klar geworden, dass Karma, die Beziehung zwischen Ursache und Wirkung, etwas viel Größeres ist als die simple
Rache, die auf dem Fuße folgt. Das Karma erstreckt sich
über zahllose Zeitalter und bestimmt, wie, wann und wo
wir (wieder-)geboren werden und welche Lebensumstände
uns dann erwarten.

Die Buddhisten sagen, Karma sei die Antwort auf die
Frage nach dem Warum. Karma ist der Grund, warum
manche Menschen einfach so durchs Leben segeln und
ihre Mitmenschen ohne Konsequenzen zu verletzen scheinen, während andere kaum zu Atem kommen. Ich habe
sehr bewusst »scheinen« geschrieben, denn tatsächlich kann
niemand etwas von der Reise eines anderen wissen. Ein

Selbstmord kann das erste Anzeichen sein, dass Innen- und Außenwelt eines Menschen nicht übereinstimmten; wir machen es uns also zu einfach, wenn wir glauben, das Leben eines anderen wirklich zu kennen oder gar vorhersagen zu können.

Trotzdem weiß ich noch, wie ich in meiner ersten Unterrichtsstunde über Karma saß und über die Muster nachdachte, die ich seit frühester Kindheit im Leben beobachtet hatte. Mir wurde klar, dass ich gesehen hatte, wie das Karma arbeitet.

Als Kind hatte ich eine enge Freundin, deren Mutter die Kindheitsfreundin meiner Mutter gewesen war. Unsere Familien standen sich sehr nah, wir waren fast wie Verwandte. Und so fiel mir irgendwann auch das Muster auf, dem das Leben meiner Freundin zu folgen schien. Sie war schön, sie war sportlich sehr begabt, und sie wirkte auch sonst wie vom Glück geküsst, sei es nun der Wohlstand, in den sie hineingeboren worden war, oder das Glücksspiel, das sie einfach nicht verlieren konnte. Im Vergleich zu ihr fühlte ich mich immer irgendwie unglücklich – nicht, weil sie schönere Sachen hatte als ich, sondern, weil einfach immer alles gut für sie lief.

Heute, als Erwachsene, ist mir klar geworden, in welcher Hinsicht auch ich unglaubliches Glück hatte. Auch mein Leben ist definitiv einem Muster gefolgt. Es hat mich viel Blut, Schweiß und Tränen gekostet, aber am Ende habe ich immer mehr als meinen gerechten Anteil vom Glück abbekommen. Von der langen, mit vielen Umwegen gepflasterten Straße meiner Karriere bis zur In-vitro-Fertilisation, ohne die ich nicht schwanger geworden wäre, war es nie schnell und einfach, aber schließlich bin ich doch immer an mein Ziel gekommen. Das ist, neben anderen Dingen, mein Karma.

Alles, was wir tun, das Gute und das Schlechte, erzeugt Karma. Dieses Karma häuft sich an und hat irgendwann einmal Konsequenzen – wenn nicht in diesem, dann im nächsten oder übernächsten Leben. Alles, was uns widerfährt, Gutes ebenso wie Schlechtes, ist unser Karma; das Karma *reift,* wie die Buddhisten sagen. Warum stößt guten Menschen Unglück zu? Karma. Warum haben auch miese Typen Glück? Karma. Und warum fliegt manchen scheinbar alles zu, während andere sich stets und ständig abmühen müssen? Karma.

Deshalb ist es so wichtig, dass wir unsere destruktiven Emotionen in den Griff bekommen. Sie verleiten uns zu schlechten Taten, was negatives Karma anhäuft. Will ich in einem zukünftigen Leben leiden, nur weil ich mich in diesem über Adrians Fahrstil aufrege? Nein, verdammt!

Karma ist die Ursache der Ungleichheit auf der Welt. Karma ist der Grund, warum ein Kind im Hause Trump zur Welt kommt, während die Familie eines anderen auf der Müllkippe lebt. Toll, oder? Bedeutet das nicht auch, dass ich mein Glück *verdient* habe und mir keine Gedanken um andere, die weniger glücklich sind, machen muss? Denn auch die haben ihr Schicksal ja schließlich *verdient.* Ganz so einfach ist es dann aber auch wieder nicht. In dieser Gleichung fehlen Mitgefühl, Weisheit und die große Unbekannte – die Unbeständigkeit!

Selbst das Karma unterliegt dem Prinzip der Unbeständigkeit. Wir arbeiten es im Laufe unserer verschiedenen

Leben gewissermaßen ab bzw. brauchen es auf. Wenn jemand beispielsweise ein tragisch kurzes Leben lebt, hat er damit mit einem Schlag auch viel schlechtes Karma abgearbeitet. Erfreut sich jemand umgekehrt eines sehr langen, wunderbaren Lebens, verbraucht er damit einen ziemlich großen Vorrat an gutem Karma. Deshalb muss dieser Jemand auch sehr darauf achten, während dieses langen, wundervollen Lebens wieder viel gutes Karma anzuhäufen. Aufgemerkt, ihr Kardashians! Lest diesen Absatz ruhig zweimal.

Darüber hinaus kann das Karma jederzeit reifen. Wir glauben zu wissen, welche Art von Leben wir im Augenblick leben, es kann jedoch im Bruchteil einer Sekunde die Richtung wechseln. Daran muss ich immer denken, wenn ich an Michael Schumacher denke, was oft vorkommt. Er und seine Familie hätten sein Leben am Tag vor dem Skiunfall sicherlich völlig anders beschrieben als heute. Der Unfall hat alles verändert, von einem Augenblick auf den anderen; sein Leben wird nie wieder so sein wie vorher.

Um das klarzustellen: Ich will keinesfalls andeuten, Michael Schumacher hätte diesen furchtbaren Unfall *verdient,* ebenso wenig, wie der wohlhabende Nachbar meiner Tante Pat letztes Jahr *verdient* hat, im Lotto zu gewinnen. Bei Karma geht es weder um Bestrafung noch um Belohnung, sondern lediglich um das stetige Auf und Ab von Ursache und Wirkung, das uns am Ende nur an unsere Verbundenheit miteinander und unsere Verantwortung füreinander erinnern will.

Die Hilflosigkeit eines einst körperlich und geistig so fitten Menschen wie Schumacher führt uns allen vor

Augen, wie verletzlich wir im Grunde sind. Sein Überleben ermöglicht es seiner Familie, sich um ihn zu kümmern, was sie mit großer Entschlossenheit und viel Würde tut; dadurch häuft sie ihrerseits viel gutes Karma für sich selbst an. Seine Weigerung, zu sterben und ihr diese Möglichkeit damit zu nehmen, häuft auch viel gutes Karma für Schumacher an.

Wir sind allerdings nicht die Sklaven unseres Karmas. Die Umstände, in die wir hineingeboren werden, sind nur der Anfang unseres Lebens. Einige Menschen fühlen sich angesichts der Widrigkeiten des Lebens regelrecht gelähmt, andere werden dadurch erst richtig angestachelt. Geschwister, die unter den gleichen Umständen aufgewachsen sind, können später im Leben ganz unterschiedliche Richtungen einschlagen, weil sie ganz unterschiedliche Entscheidungen treffen. Ganz bestimmt können sie sehr verschiedene Ansichten zum Thema Geburtstagsparty haben, das weiß ich aus eigener Erfahrung.

Ein Leben, das auf den ersten Blick wie ein Sechser im Lotto aussieht, kann unter der Lupe des Karmas betrachtet plötzlich recht furchterregend wirken. Ich hege z. B. großes Mitleid und großes Mitgefühl für die Söhne von Donald Trump, die mit wunderschönen afrikanischen Tieren posieren, die sie kurz zuvor aus purem Vergnügen getötet haben. Die karmischen Auswirkungen eines solchen Verhaltens sind erschreckend. Die armen Männer sind sich der Wahrheit des Daseins so wenig bewusst, dass sie mir unendlich leidtun.

In ganz ähnlicher Weise versuche ich, Mitgefühl für Menschen zu empfinden, die Hass schüren. Ich habe einmal ein Gespräch mit angehört, in dem ein Kollege mit Freunden Witze darüber gemacht hat, in seiner Radiosendung den Hass auf Muslime anzustacheln. Der »Witz« bestand darin, dass er selbst kein Wort von dem, was er sagt, glaubt: Er macht sich über die Leute noch lustig, die auf seine Aufforderung hin bei ihm in der Sendung anrufen und ihren ignoranten, unwissenden Hass verbreiten. Mit anderen Worten: Der Mann verdient sich dumm und dämlich, weil er Ansichten vertritt, an die er nicht im Mindesten glaubt. Und damit ist er bestimmt nicht allein, da bin ich mir ziemlich sicher. Das könnte mich fuchsteufelswild machen, wenn ich das zuließe. Stattdessen versuche ich, Mitgefühl für ihn zu empfinden und jede Gelegenheit zu nutzen, die humanitären Ansichten zu verbreiten, an die ich glaube.

Jesus sagte: »Es ist leichter, dass ein Kamel durch ein Nadelöhr gehe, als dass ein Reicher ins Reich Gottes komme.« (Markus 10,25). Damit forderte er zum Mitgefühl mit reichen Menschen auf, denn sie sind durch ihre weltlichen Güter am meisten von ihrem spirituellen Wachstum abgelenkt. Die Gelegenheiten, schlechtes Karma anzuhäufen, scheinen mit dem Wachstum finanziellen Wohlstands exponentiell anzusteigen. Vielleicht ist es die Angst, diesen Wohlstand zu verlieren, die den Egoismus so vieler reicher Menschen befeuert, oder der Glaube, sie könnten ein Leben ohne Konsequenzen leben. Möglicherweise spielt auch die Langeweile eine Rolle.

Ende der 1990er-Jahre verdiente ich mir als Empfangsdame in den Bordellen rund um Melbourne ein bisschen was dazu. Meistens machte mir diese Arbeit großen Spaß, vor allem in meiner Zeit im Bordell für Transsexuelle in Port Melbourne. Einerseits waren die Angestellten dort ein wirklich lustiger Haufen, andererseits waren aber auch die Kunden großartig: meist wohlhabende, höfliche Geschäftsleute zwischen 40 und 70. Es war das einzige Bordell in meiner Karriere, in dem tagsüber mehr los war als nachts, wenn die Männer in den teuren Kaschmirmänteln und mit dem Aktenkoffer in der Hand zwischen zwei Meetings schnell mal eben vorbeischauten. Nein, in diesem Etablissement gab es weder betrunkene Deppen noch nervtötende Gaffer ohne Handlungsabsicht, die einem nur die Zeit stehlen.

Der Großteil unserer Kunden bezeichnete sich selbst als heterosexuell. Oder wie ein älterer transsexueller Mitarbeiter es ausdrückte: »Sie haben einfach schon alles und kommen deswegen irgendwann zu uns.«

Das scheint mir mit jedem Jahr, das ich auf diesem Planeten verbringe, zutreffender. Je mehr wir haben, desto mehr wollen wir. Je mehr wir ausprobieren, desto größer wird unsere Lust, wieder etwas Neues auszuprobieren. Und Geld gibt uns die nötige Freiheit, an unsere Grenzen zu gehen – lenkt uns aber gleichzeitig von uns und unserem höheren Ziel ab.

Jesus sagte auch: »Selig sind die Sanftmütigen; denn sie werden das Erdreich besitzen.« (Matthäus 5,5) Wieder stimmt er Buddha zu: Wahre Bescheidenheit und Güte helfen uns auf unserer Suche nach spirituellem Reichtum und Glück am meisten.

Sind die Eltern des Babys, das auf der Müllkippe zur Welt kommt, also demütig und an ihrem spirituellen

Wachstum interessiert, hat es größeres Glück als das Kind, das in seelenlosen Reichtum hineingeboren wird.

Ich habe anderen lange erzählt – und selbst daran geglaubt –, in der Liebe unverschämt viel gutes Karma angehäuft zu haben. Wie sonst ließe es sich erklären, dass ich meinem Traummann, Adrian, begegnet bin, als ich noch so jung war? Dass ich es nie nötig gehabt hatte, mit anderen Männern zu experimentieren, dass mir nie das Herz gebrochen wurde, dass ich die Liebe nie auf die harte Tour kennenlernen musste? »Wahrscheinlich habe ich in einem früheren Leben alles über die Liebe gelernt«, versuchte ich, mir selbst diese Fragen zu beantworten. »Und so muss ich mich in diesem Leben einfach nicht darum kümmern.«

Tja, wie war das noch mit dem Richtungswechsel, den das Leben hin und wieder nehmen kann? Heute habe ich das Gefühl, in meiner Beziehung mit Adrian *nur* Lektionen erteilt bekommen zu haben, wirklich harte Lektionen. Ich war schon Anfang 40 und hatte keine Ahnung, wie eine Trennung funktioniert. Plötzlich wünschte ich mir, diese Erfahrung in jüngeren Jahren gemacht zu haben. Vielleicht hätte ich dann die Zuversicht gehabt, mir ein Leben ohne Adrian vorstellen zu können – so sah ich bei dem Gedanken daran immer nur auf eine hässliche, unüberwindbare Mauer. Das also war mein Karma, und mir blieb nichts anderes übrig, als mich zusammenzureißen und zu versuchen, positive Entscheidungen hinsichtlich der Trennung zu treffen.

Im Übrigen ist das auch Adrians Karma. Wir sind überall von Menschen umgeben, mit denen wir karmisch verwoben sind. Manchen sind wir etwas schuldig, manche sind uns etwas schuldig. Beziehungen, die sich wie die unsere rasch ergeben, bei denen wir irgendwie das Gefühl der Vertrautheit haben, stecken voller halb ausgefochtener Kämpfe und alter Rechnungen. Die müssen wir begleichen, wenn wir die Kämpfe in einem zukünftigen Leben nicht noch einmal ausfechten wollen.

Ich hing so sehr an Adrian, dass ich mir noch viele gemeinsame Leben an seiner Seite wünschte. Heute aber hoffe ich inständig, dass wir unsere karmische Buchhaltung in Ordnung bringen und weiterziehen können. Wir sind durch unsere Kinder immer noch aneinander gebunden und können deshalb für den Rest unseres Lebens munter weiter schlechtes Karma anhäufen, wenn wir das wollen. Glücklicherweise habe ich jedoch den Eindruck, dass wir uns mittlerweile beide nur Frieden wünschen.

Vielleicht gelingt es uns sogar, in unserer nun veränderten Beziehung so viel gutes Karma anzuhäufen, dass ich das nächste Mal als seine Katze wiedergeboren werde. Adrian ist sehr, sehr lieb zu seiner Katze.

Apropos: Man kann nicht über Karma sprechen, ohne gleichzeitig über die zyklische Natur des Daseins, mit anderen Worten über Wiedergeburt zu sprechen. Das Karma bestimmt nicht nur die Umstände, in die wir hineingeboren werden, sondern auch die Wesen, die uns im nächsten Leben umgeben werden. Wir leben also nicht zwangsläufig immer mit derselben Familie und spielen nicht immer dieselbe Rolle, sondern tauschen die Rollen durch.

Das ist schon eine verrückte Vorstellung, wenn man genauer darüber nachdenkt – und das sollte man auch tunlichst. Seine Heiligkeit der Dalai Lama empfiehlt, jedes Wesen wie die eigene Mutter zu lieben, denn vielleicht war es das irgendwann sogar einmal.

Stellen Sie sich also vor, jeder Mensch, der Ihnen begegnet, sei mit Ihnen verwandt. Stellen Sie ihn sich als Mitglied Ihrer Familie vor, als jemanden, den Sie sehr gern haben. Das gilt für den Rüpel an der Tankstelle ebenso wie für das schüchterne Kind auf der Straße oder die Reinigungskraft im Fast-Food-Restaurant, die Ihnen stumm hinterherputzt. Für Ihren am meisten gehassten Feind ebenso wie für alle Tiere um Sie herum, seien sie groß oder klein. Denken Sie immer an das Prinzip der Leere: Entferne die Etiketten, und begegne jedem mit Liebe, als sei er ein Wesen, das du tatsächlich schon einmal sehr geliebt hast. Daraus wird der Wunsch entstehen, alle fühlenden Wesen seien vom Leid befreit, und der Wunsch, ihnen dabei zu helfen, sich vom Leid zu befreien. Der Wunsch nach mitfühlendem Altruismus. Und die Weisheit möge dich davor bewahren, dich Fremden an den Hals zu werfen, die spirituell vielleicht noch nicht so weit fortgeschritten sind wie du.

Die Buddhisten bezeichnen dies als universelles Mitgefühl mit allen Lebewesen. Es hilft uns dabei, die wahre Natur der Dinge zu verstehen und gutes Karma zu erzeugen. Es erinnert uns daran, dass alles mit allem verbunden ist. Es erinnert uns an das Prinzip der Unbeständigkeit und an die Sinnlosigkeit des Anhaftens.

Kernpunkte

- Der Misserfolg oder das Unglück anderer wird Ihre Seele nicht heilen. Sie werden vermutlich auch nicht Zeuge werden, wie ein anderer seine »gerechte Strafe« bekommt.
- Karma ist die Antwort auf die Frage nach dem Warum.
- »Sofort-Karma« ist höchst unwahrscheinlich. Es erstreckt sich über unzählige Zeitalter und ist viel größer als die simple Rache, die auf dem Fuße folgt.
- Das Karma liegt den Mustern zugrunde, die wir im Leben wahrnehmen können.
- Alles, was wir tun, erzeugt Karma, sei es nun gutes oder schlechtes Karma, und wird in der Zukunft Folgen für uns haben – möglicherweise auch erst in zukünftigen Leben.
- Die Dinge, die uns zustoßen, sind das Karma, das reift. Karma kann jederzeit reifen!
- Auch das Karma unterliegt dem Prinzip der Unbeständigkeit. Wir arbeiten es ab oder verbrauchen es; deshalb ist es so wichtig, immer wieder gutes Karma anzuhäufen.
- Wir sind nicht die Sklaven unseres Karmas. Wir können eigene Entscheidungen treffen und unter allen Umständen gutes Karma erzeugen.
- Je glücklicher unser derzeitiges Leben, desto wichtiger ist die Anhäufung guten Karmas. Das kann schwierig sein, weil wir uns vom Glück ablenken lassen.

- All unseren Beziehungen haftet ein karmisches Element an.
- Wir müssen stets versuchen, karmische Kämpfe zu beenden, damit wir sie später nicht noch einmal ausfechten müssen.
- Alle Lebewesen sind durch das Karma und die zyklische Natur des Daseins miteinander verbunden.
- Wir müssen uns im universellen Mitgefühl mit allen Lebewesen üben.

10

Wiederaufbau und Erneuerung

Ich denke, inzwischen wissen Sie, dass es um Ihren Wiederaufbau geht. Ich weiß ja nicht, wie das bei Ihnen ist, aber mein Leben fühlte sich nach meiner Trennung wie ein Trümmerhaufen an.

Das Positive an der Sache war, dass ich selbst entscheiden konnte, wie ich diese Trümmer neu zusammensetzen wollte. Schließlich können wir nicht einfach darauf warten, von den Elementen geformt zu werden – Sie verdienen mehr als das, und offen gestanden verdient auch der Rest der Welt mehr als das von Ihnen. Alles ist mit allem verbunden, erinnern Sie sich?

Und der einzige Mensch, der Sie wiederaufbauen kann, sind Sie selbst. Sie haben dabei jede Menge Unterstützung, doch die Veränderung, die Erneuerung können nur Sie selbst vornehmen. Jetzt ist genau der richtige Zeitpunkt dafür. Ab heute müssen Sie anders über sich denken und anders mit sich sprechen. Denn wir werden, was wir denken; denken Sie sich also stark und positiv wie nie zuvor. Es ist an der Zeit, Ihre Heilung in Gang zu setzen.

Und hier noch einmal die Schritte, die nach einer Trennung zur Heilung führen:

- Gehen Sie nach dem Prinzip der Leere auf das Leben zu. Befreien Sie sich von den alten Vorurteilen und Etiketten, die Sie sich selbst, Ihrem Ex, Ihrem Leben und Ihrer Zukunft verpasst haben. Sehen Sie die Welt so, wie sie wirklich ist, und prüfen Sie bei jedem Menschen und jeder Sache, ob er oder sie tatsächlich noch mit Ihren Vorstellungen von ihm oder ihr übereinstimmt.

- Woran haften Sie an? Liebe Sie, ohne anzuhaften. Zwingen Sie sich dazu, Ihren Beziehungen Raum zu geben, und klammern Sie sich nicht an die Menschen, die Sie lieben. Begleiten Sie sie, versuchen Sie nicht, in sie hineinzukriechen!

- Seien Sie achtsam. Hören Sie auf, über die Vergangenheit nachzudenken, und machen Sie sich keine Sorgen über die Zukunft. Seien Sie im Hier und Jetzt. Beobachten Sie sich selbst: Wo sind Sie mit Ihrer Achtsamkeit? Erkennen Sie Ängste und Depressionen als Nachgrübeln über die Vergangenheit und die Zukunft. Meditieren Sie, um Ihren Geist davon zu befreien.

- Fangen Sie den Geist trübende Leidenschaften ab, bevor sie zu größeren Problemen führen. Seinen Emotionen freien Lauf zu lassen kann nicht gut enden. Sie müssen sich in Disziplin üben.

- Verändern Sie Ihr Leben. Ernähren Sie sich ausgewogen, tanzen Sie, verbringen Sie mehr Zeit mit Freunden, malen, schreiben, laufen Sie. Amüsieren Sie sich!

- Lernen Sie das Alleinsein schätzen und lieben. Planen Sie Zeit dafür ein, und nutzen Sie sie als Gelegenheit, über sich und Ihr Leben nachzudenken und Dinge zu verarbeiten. In dieser Zeit können Sie sich mit Ihrem wahren Ich verbinden und sich die Fortschritte Ihres Wiederaufbaus, Ihrer Erneuerung ansehen.

- Sollten Sie einsam sein, versuchen Sie, diesem Gefühl auf den Grund zu gehen. Laufen Sie nicht davor weg. Was verbirgt sich dahinter? Die Einsamkeit ist wie alles andere auch unbeständig, sie wird also vergehen. Wenn Sie Hilfe brauchen, scheuen Sie sich nicht, sie zu holen. Bitten Sie Freunde oder Familienangehörige respektvoll darum.

- Entwickeln Sie Mitgefühl für sich und andere, selbst für Ihren Ex und seine neue Partnerin. Vergessen Sie nicht, dass Weisheit und Mitgefühl Hand in Hand gehen sollten. Mitgefühl ist das Gegenmittel zum Hass, und Hass ist nur Ihr Gefängnis, nicht das eines anderen. Gehen Sie aber auch in Ihrem Mitgefühl nicht so weit, dass Sie sich selbst in Gefahr begeben. Mitgefühl bedeutet nicht, sich alles gefallen zu lassen oder die Opferrolle zu spielen.

- Erzeugen Sie gutes Karma für sich selbst, wann immer es möglich ist. Wenn das Gefühl, etwas verloren zu haben, übermächtig wird, denken Sie daran, dass alles mit allem verbunden ist. Sie haben viel zu geben – ein Gedanke, der guttut, wenn wir abgewiesen worden sind. Ob Sie es glauben oder nicht: Die Tatsache, dass Sie dieses Buch lesen können, bedeutet, dass Ihre derzeitige Wiedergeburt eine sehr glückliche ist (Sie sind ein Mensch und können lesen); umso wichtiger ist es, wieder gutes Karma anzuhäufen, das das, das Sie gerade verbrauchen, ersetzt. Sich diese glückliche Wiedergeburt bewusst zu machen kann Ihre Traurigkeit verscheuchen.

- Treiben Sie Sport, das hilft immer. Es setzt Glückshormone frei, versorgt Ihr Gehirn mit Sauerstoff und vermittelt Ihnen ein Gefühl des Respekts Ihrem Körper und sich selbst gegenüber. Sport hilft mir dabei, meine physische mit meiner spirituellen Seite zu verknüpfen, was mir insgesamt eine viel ausgeglichenere Einstellung beschert.

Wie können wir das alles aber in unseren Alltag integrieren? Keine Sorge, Buddha hat an alles gedacht, auch daran, wie wir das Dharma leben können. Er nannte es den Übungsweg.

Diesen Übungsweg können wir ganz an unseren Alltag und unsere Lebensumstände anpassen. Ich habe einmal einen Arzt nach der besten Sportart zum Abnehmen gefragt; er antwortete: »Diejenige, bei der Sie dabeibleiben.« Was für eine fantastische, pragmatische Sichtweise! Dasselbe gilt für den Übungsweg. Ist er zu kompliziert und zeitaufwendig, wird man sich auf Dauer nicht an ihn halten.

Statt einzeln an die oben genannten Punkte zu denken, sollten Sie sich vor Augen führen, was Sie in spiritueller Hinsicht erreichen wollen. Nehmen Sie sich jeden Tag etwas wie das Folgende vor: »Heute werde ich mein Bestes tun, anderen nicht zu schaden, sondern ihnen zu nützen.«

Ich stelle mir die praktische Umsetzung des Dharmas tatsächlich wie ein Übungsprogramm vor. Ziehe ich es durch – folge ich also dem Dharma und integriere ich es in mein Leben, lese ich regelmäßig Bücher und besuche regelmäßig Kurse, um sicherzustellen, dass ich auf dem richtigen Weg bin –, läuft das Leben wie am Schnürchen. Na ja, das ist jetzt vielleicht etwas missverständlich. Ich sollte eher sagen: Das Leben läuft, wie es läuft, aber *ich* laufe darin wie am Schnürchen, wenn ich mich an den Übungsweg halte.

Beim Dharma wie beim Sport fällt mir das leichter, wenn ich eine Struktur dafür finde, die sich zu einer Angewohnheit entwickeln kann. Diese Struktur wiederum darf aber nicht zu kompliziert oder zeitaufwendig sein, sonst klappt es nicht.

Im nächsten Kapitel gehe ich ein paar grundlegende Dinge durch, die hilfreich für den buddhistischen Übungsweg sein können, und beschreibe mein tägliches Übungsprogramm. Sie können nach Herzenslust damit experimentieren, um herauszufinden, was Ihnen am besten liegt – die Sportart, bei der Sie dabeibleiben. Auf jeden Fall sollten ein Vorsatz für den Tag, eine wie auch immer geartete Form der Meditation und die Erinnerung an buddhistische Prinzipien dazugehören. Wie gesagt lese ich manchmal buddhistische Bücher und besuche entsprechende Kurse, um mich enger mit dem Dharma und meinen spirituellen Zielen zu verbinden. Meist verändert das mein ganzes Auftreten in der Welt und macht mich wieder achtsamer. Ich gebe mir dann mehr Mühe und versuche, mehr positive Angewohnheiten zu entwickeln.

Ein solcher Weg erinnert Sie auch daran, Wandel und Veränderung willkommen zu heißen. Sie lassen sie zu, und Sie initiieren sie. Sie tragen aktiv zu Ihrem eigenen Entstehen bei, und das ist ein sehr machtvolles Gefühl.

Wie bereiten sich Sportler auf einen großen Wettkampf vor? Wie Schauspieler auf große Rollen? Sie arbeiten hart und werden jeden Tag ein wenig besser. So ist es auch mit Ihrem Übungsweg. Und zum Glück helfen Ihnen alle Menschen um Sie herum dabei, Ihre buddhistischen Fähigkeiten weiterzuentwickeln. Wer braucht schon einen Dharma-Lehrer, wenn er Kinder, Kollegen, Eltern oder einen Ex-Partner hat?

Jedes Ereignis in Ihrem Leben ist eine Gelegenheit, sich in buddhistischen Prinzipien zu üben. Vielleicht wollen Sie das sogar zu Ihrem Mantra machen: »Dies ist eine Gelegenheit zum Üben!« Eine Zeit lang war das jedenfalls *mein* Mantra, um über Wut und Frust hinwegzukommen. Sagen Sie es einfach so lange, bis es wirkt!

Mein guter Freund Osher Günsberg, der die australische Version des *Bachelors* moderiert, hat auch ein Mantra. Seines lautet: Natürlich! Das sagt er allerdings nie genervt oder sauer, sondern immer mit einem Augenzwinkern. »*Natürlich* steh ich mal wieder im Stau, ich bin schließlich in Sydney!«, lacht er, statt auszuflippen, dass er zu einem Termin zu spät kommt – und Osher ist einer der zufriedensten, ausgeglichensten Menschen, die ich kenne.

11

Gebete und mein Übungsweg

In Anbetracht der Tatsache, dass Buddhisten nicht an einen Gott glauben, Buddha nicht für einen Gott halten und sich nach innen wenden, um Antworten und Bestärkung zu bekommen, darf man schon einmal fragen, zu wem Buddhisten denn dann beten. Die Antwort auf diese Frage lautet: Die meisten buddhistischen Gebete sind eher wie Meditationen – sie erinnern uns daran, wer wir wirklich sein wollen. Wir beten um Hilfe, uns gemäß Buddhas Lehren verhalten zu können.

Gebetshaltung der Hände und des Körpers

Man sieht buddhistische Mönche oft mit zusammengelegten Händen; die Geste erinnert stark an die klassisch christlichen betenden Hände, wie sie nicht nur Dürer, sondern auch dieses Emoji perfekt darstellt: 🙏

Christen verwenden die Geste in der Regel als Zeichen ihrer Kommunikation mit Gott, Buddhisten würdigen damit die Anwesenheit eines Buddhas. Für sie ist es uns allen möglich, den Status als Buddha zu erreichen, d. h. die vollständige Erleuchtung zu erlangen; deshalb erweisen sie mit der Handhaltung generell allen Menschen gegenüber Respekt. Dazu gehört meist eine kleine Verneigung. Auch ich verneige mich oft, insbesondere wenn ich einem Menschen begegne, den ich vorher noch nicht kannte. Für manche sehe ich dabei vielleicht wie ein Vollidiot aus, aber das ist mir egal. Ich nutze es als Gelegenheit, mich in Bescheidenheit und Demut zu üben und mein Ego unter Kontrolle zu halten.

Mantrasingen

In meinen Ohren ist der Klang von Hunderten singenden Mönchen das beruhigendste und spirituell profundeste Geräusch der Welt. Sie können sich unzählige Beispiele dafür auf YouTube anhören – es gibt sogar einige Aufnahmen Seiner Heiligkeit des Dalai Lama, die für mich etwas ganz Besonderes sind.

Das Mantrasingen dient der Selbstvervollkommnung. Die Wiederholung soll Buddhas Lehren in unseren Köpfen verankern.

Es gibt zahlreiche verschiedene Mantras für unterschiedliche Zwecke, und jede buddhistische Schule hat ihre Lieblingsmantras. Das wahrscheinlich universellste Mantra aber ist Om mani padme hum.

Die Tibeter verzieren so ziemlich alles mit ihrer Übersetzung dieses Mantras (siehe unten), im Westen ist sie ein sehr beliebtes Tattoo. Kein Wunder bei den hübsch geschwungenen Schriftzeichen. Das Tibetische weicht etwas vom ursprünglichen Sanskrit ab, denn als der Buddhismus um das 5. Jahrhundert aus Indien nach Tibet kam, passten die Tibeter die nicht immer leicht auszusprechenden Wörter ihrem Sprachgebrauch an. So wurde aus Om mani padme hum »Om mani peme hung«. Sie können natürlich die Aussprache wählen, die Ihnen besser gefällt, da es auch hier wie immer im Buddhismus nicht auf Perfektion ankommt, sondern auf die Absicht. Selbst wenn Sie das Mantra also hundertmal am Tag falsch aussprechen, es dabei aber wirklich verinnerlichen, wird es nicht minder nützlich sein als das richtig ausgesprochene Mantra.

Jetzt fragen Sie sich vielleicht, was genau Sie da verinnerlichen. Es gibt keine wörtliche Übersetzung des Mantras, doch soll es das Wesen der buddhistischen Lehre verkörpern und die sechs zentralen Übungen verstärken. Gen Rinpoche, der ehrwürdige tibetische Mönch, der 1985 in Dunedin Neuseelands erstes buddhistisches Zentrum gründete, fasste es folgendermaßen zusammen:

Der Klang der ersten Silbe, Om, hilft uns, uns im Üben der Großzügigkeit zu vervollkommnen, Ma im Üben der reinen Moral, Ni im Üben von Toleranz und Geduld. Pad, die vierte Silbe, unterstützt uns dabei, uns im Üben von Beharrlichkeit zu vervollkommnen, Me im Üben der Konzentration, und die sechste und letzte Silbe, Hum, uns im Üben von Weisheit zu perfektionieren.

Mit der klassischen buddhistischen Gebetskette, die 108 Perlen umfasst, werden die Mantrawiederholungen gezählt. Das Singen und Abzählen von rund 100 Om Mani Padme Hums am Tag entspannt den Geist und erinnert uns daran, wer wir in der Welt sein wollen. Darüber hinaus hilft es auch wunderbar beim Meditieren.

 ## Gut zu wissen

Om Mani Padme Hum ist zwar ein universelles Mantra, wird aber oft mit Chenrezig, dem Buddha des Mitgefühls, in Verbindung gebracht. Wir erinnern uns: Es gibt mehr als nur einen Buddha. Die Tibeter glauben, die Reinkarnation Chenrezigs sei niemand anderer als Seine Heiligkeit der Dalai Lama.

Traditionellerweise umfasst die buddhistische Gebetskette entweder 108 Perlen oder einen Teiler dieser Zahl, also beispielsweise 27. Es gibt viele Theorien darüber, warum das so ist, im Grunde soll aber lediglich sichergestellt sein, dass man Om Mani Padme Hum mindestens 100 Mal am Tag singt. Man hat noch acht Per-

len hinzugefügt, weil man davon ausgeht, dass die eine oder andere beim Singen vielleicht ausgelassen wird.

In Tibet bestehen die Perlen oft aus Yakknochen in Form eines winzigen Schädels, damit sich der Übende beim Beten der Vergänglichkeit bewusst ist.

Zufluchtnahme

Durch die Zufluchtnahme erklärt man sich nach außen zum Buddhisten, also zu jemandem, der den Buddhismus wirklich praktiziert und sich nicht nur von seiner philosophischen Seite angezogen fühlt. Dabei kann man an einer formellen Zufluchtnahmezeremonie teilnehmen, bei der ein Mönch bestimmte Rituale durchführt; wichtiger aber sind der Entschluss als solcher und die Erklärung, die in etwa so lautet:

> Ich nehme Zuflucht, bis ich zum Buddha, dem Dharma und der Sangha erleuchtet bin.
> Durch das Geben und das Üben anderer Vervollkommnungen möge ich ein Buddha werden, um allen Lebewesen Gutes zu tun.

Es gibt viele Versionen dieser Erklärung, die aber alle eines gemeinsam haben: die Vorstellung der Zufluchtnahme zu den »drei Juwelen«, dem Buddha, dem Dharma (der Lehre Buddhas) und der Sangha (der Gemeinschaft der Mönche und Nonnen).

Üblicherweise rezitieren die Buddhisten diese Erklärung, dieses Gebet jeden Morgen drei Mal.

Aufstellen eines Altars

Der Altar als »Anlaufstelle« zum Beten hat auch im Buddhismus seinen festen Platz. Die Tibeter lieben Farben und kunstvolle Muster, weshalb ihre Altäre dem Prinzip »Mehr ist mehr« folgen und mit Blumen, Opfergaben, Wasserschalen, Weihrauch, Fotos berühmter Mönche und anderen zeremoniellen Kleinigkeiten geschmückt sind. Der Zen-Buddhismus ist in jeder Hinsicht viel minimalistischer: Dort ist der Altar höchstens mit einer Buddhastatue, einer Topfpflanze und einem Weihrauchstäbchen verziert.

Im Grunde können Sie Ihrer Fantasie da freien Lauf lassen, solange Ihre Absicht die richtige ist. Wollen Sie den prächtigsten buddhistischen Altar im ganzen Viertel haben, oder schenken Ihnen das tägliche Pflegen und Vorbereiten Ihres Altars Frieden und Konzentration?

Ich hatte früher auch prächtige Altäre und habe eine Menge Zeit darauf verwendet, sie gemäß klassischen tibetischen Ritualen täglich auf- und abzubauen, doch das, meine Freunde, war vor den Kindern. Heute steht mein »Altar« auf einer hohen Kommode in meinem Schlafzimmer und geht definitiv eher in die Zen-Richtung. Ich träume davon, mir eines Tages wieder einen schöneren Ort dafür zu gestalten, aber im Augenblick muss mein Mini-Altar genügen.

Der Vorsatz für den Tag

Ein solcher Vorsatz dient dazu, sich genau vor Augen zu führen, was man in einem bestimmten Zeitraum – beispielsweise innerhalb eines Tages – erreichen möchte. Er ist jedoch nicht dasselbe wie eine Zielsetzung; bei diesem Vorsatz geht es eher darum, wie wir uns der Welt zeigen wollen.

Ich nehme mir jeden Tag etwas vor und spreche meinen Vorsatz laut aus (eigentlich flüstere ich ihn, denn die Kinder schlafen bei mir im Bett). Ich sage dann etwa: »Mein Vorsatz für heute ist es, geduldig und mitfühlend zu sein, immer im Einklang mit dem Dharma.«

Mein täglicher Übungsweg

Diese verschiedenen Komponenten in den Alltag zu integrieren ist eine sehr persönliche Sache. Es gibt kein Richtig oder Falsch, und Sie werden Ihre tägliche Übungspraxis im Laufe der Zeit sicherlich Ihren persönlichen Bedürfnissen anpassen. Als Beispiel möchte ich Ihnen meinen täglichen Übungsweg beschreiben. Ich beginne am liebsten früh am Morgen, doch da ich schon um halb sechs bei der Arbeit sein muss, muss mein »Programm« kurz und knackig sein.

Gleich nach dem Aufstehen springe ich unter die Dusche. Dann schleiche ich mich zurück ins Schlafzimmer (ich schleiche, weil meine Kinder wie gesagt auch dort schlafen) und lege mich drei Mal hintereinander ausgestreckt vor meiner Buddhastatue auf den Boden. Zumindest habe ich das früher so gemacht, heute bevorzuge ich eine einfachere Version dieser ehrerbietigen Verneigung: Ich lege meine Hände zum Gebet zusammen und führe sie über meinen Kopf nach oben, bis sie auf meinem Scheitel ruhen. Diese Geste erinnert mich daran, mich vom schlechten Karma meines Körpers zu reinigen und nach den guten Eigenschaften von Buddhas Körper zu streben. Anschlie-

ßend führe ich meine Hände vor Mund und Kehle. Diese
Geste steht für meinen Wunsch, mich auch von dem
schlechten Karma zu reinigen, das ich durch meine Worte
erzeugt habe, sowie für meinen Wunsch, Buddhas Worten
nachzueifern. Dann führe ich die Hände vor das Herz; mit
dieser Geste hoffe ich, das schlechte Karma meines Geistes
zu reinigen und Buddhas Geist nacheifern zu können. (In-
teressanterweise unterscheiden wir im Westen zwischen
Herz und Geist; für Buddha war beides ein und dasselbe.)
Diesen Reinigungsvorgang führe ich insgesamt drei Mal
durch.

Danach rezitiere ich mein Zufluchtsgebet drei Mal und
schließlich dieses Gebet, das unter dem Namen »Die vier
Unermesslichen« (Brahmavihara) bekannt ist:

Mögen alle fühlenden Wesen Glück und die Ursache
des Glücks besitzen.
Mögen alle fühlenden Wesen frei von Leiden und der
Ursache des Leides sein.
Mögen alle fühlenden Wesen niemals von der Freude
getrennt sein, die frei ist von Leiden.
Mögen alle fühlenden Wesen in Gleichmut verweilen,
der frei ist von Anhaftung an Freunde und Ablehnung von Feinden.

Ich mag dieses Gebet aus zwei Gründen: Zum einen erinnert es mich an den buddhistischen Respekt vor allen
Lebewesen, und zum anderen finde ich die letzte Zeile
besonders wichtig. Sie gemahnt mich daran, niemanden zu
bevorzugen und jedem Menschen freundlich zu begegnen.

Nach meinen Gebeten singe ich Om Mani Padme Hum 100 Mal, formuliere meinen Vorsatz für den Tag und mache mich auf den Weg zur Arbeit.

Dort angekommen, meditiere ich noch für etwa fünf bis zehn Minuten im Auto – je nachdem, wie viel Zeit ich habe –, bevor ich aussteige und nach oben gehe.

Mein täglicher Übungsweg sieht also etwa wie folgt aus:

1. 3 Verneigungen
2. Zufluchtsgebet
3. »Die vier Unermesslichen«
4. 100 × Om Mani Padme Hum
5. Vorsatz für den Tag
6. Meditation

12

GRUNDLAGEN DES BUDDHISMUS

Für diejenigen, die etwas tiefer in die buddhistischen Lehren einsteigen und über ihre unmittelbaren trennungsbedingten Bedürfnisse hinausgehen wollen, habe ich hier noch zwei philosophische Grundlagen des Buddhismus zusammengefasst: die Vier Edlen Wahrheiten und den Edlen Achtfachen Pfad.

Die Vier Edlen Wahrheiten

1. Alles Dasein ist leidvoll

Aus buddhistischer Sicht wird alles Unangenehme als Leid, Leiden oder leidvoll bezeichnet, vom gebrochenen Bein über den lärmigen Nachbarn bis hin zum gebrochenen Herzen. Das Leben ist voller Ärgernisse, größere wie kleinere, auf die wir im Allgemeinen jedoch mit negativen Emotionen reagieren. Nur sehr selten befinden wir uns im Zustand vollkommenen Glücks, und falls doch, landen wir danach meist rasch wieder unsanft auf dem Boden der Tatsachen.

Buddha sagte, der erste Schritt auf dem Weg zur Erleuchtung sei es zu akzeptieren, dass alles Dasein leidvoll ist. Finden Sie sich damit ab. Sie machen nichts falsch, Sie haben kein besonderes Pech, Sie sind kein Opfer, und der Tag, an dem einfach alles nur schön ist, wird niemals kommen. Ebenso wie alle anderen jagen auch Sie Dingen, die Sie begehren, hinterher in der Hoffnung, sie würden Sie glücklich machen. Doch das tun sie nicht, nicht auf Dauer jedenfalls. C'est la vie!

2. Alles Leiden hat eine Ursache

Eine Ursache? Super! Dann kann es ja nicht so schwer sein, sie zu beseitigen. Buddha zufolge aber ist diese eine Ursache des Leids das Begehren. Tja, was sagen Sie nun?

Ich finde es immer hochinteressant, mein Leiden auf mein Begehren zurückzuführen. Manchmal, wenn ich niedergeschlagen bin, frage ich mich laut und heftig: »Was begehre ich?«

Manchmal ist es nur eine simple Heißhungerattacke oder das Bedürfnis, aufs Klo zu gehen oder frische Luft zu schnappen. Manchmal aber liegt die Ursache auch viel tiefer und lässt sich viel schwerer benennen. Nicht selten führt sie mich dann zu den Geist trübenden Leidenschaften. Dann sehne ich mich nach Anerkennung, Lob oder Respekt. Es kann schon peinlich sein, wenn man schlecht drauf ist, weil keiner daran gedacht hat zu erwähnen, dass die brillante Idee, die bei allen so gut ankommt, von einem selbst stammt. Es ist uns peinlich zuzugeben, dass wir Trübsal blasen, weil wir bei einer Einladung vergessen wurden oder nicht auf einer Liste mit coolen Leuten in einem Blog stehen, der schätzungsweise von ganzen sechs Menschen auf der Welt gelesen wird. Glauben Sie mir, so etwas Bescheuertes zu begehren ist *sehr* peinlich; ist einem das aber erst einmal klar, kommt man viel schneller darüber hinweg.

3. Alles Leiden hat auch ein Ende
Hurra!

4. Das Ende des Leids ist der Edle Achtfache Pfad
Sie haben doch nicht etwa geglaubt, das würde einfach werden? Das Leiden zu beenden ist eine Herkulesaufgabe. Dazu müssen wir ändern, woran wir glauben, neue Fähigkeiten erlernen und uns über alte Angewohnheiten hinausentwickeln. Wenn die uns aber immer wieder zum Leiden zurückführen, ist der Edle Achtfache Pfad einen Versuch doch wert, oder nicht?

Der Edle Achtfache Pfad

Der Edle Achtfache Pfad stellt gewissermaßen die ultimative Checkliste für alle dar, die ihr Leben in Ordnung bringen wollen. Ich kann Ihnen zwar nicht versprechen, dass er das Leiden komplett aus Ihrem Leben entfernt (das liegt bei Ihnen und daran, wie sehr Sie sich bemühen), aber zusichern, dass er zumindest sehr hilfreich ist.

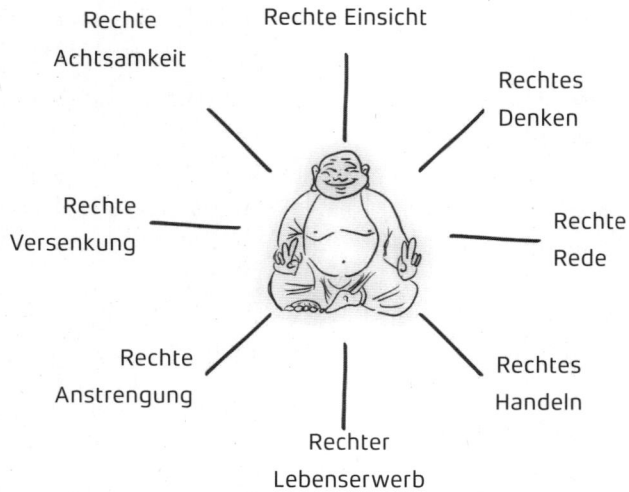

Rechte Achtsamkeit

Rechte Einsicht

Rechtes Denken

Rechte Versenkung

Rechte Rede

Rechte Anstrengung

Rechtes Handeln

Rechter Lebenserwerb

Rechte Einsicht Das Leben so sehen, wie es wirklich ist.

Rechtes Denken Von Großzügigkeit, Liebe und Mitgefühl angetrieben werden.

Rechte Rede Wahrheitsgemäße, respektvolle, positive Kommunikation.

Rechtes Handeln Den fünf moralisch-ethischen Grundsätzen Buddhas folgen: Du sollst nicht stehlen, du sollst nicht töten, du sollst nicht lügen, du sollst dich nicht in sexuelles Fehlverhalten verstricken, du sollst keine Drogen oder andere Rauschmittel nehmen.

Rechter Lebenserwerb Er sollte nicht zulasten anderer gehen.

Rechte Anstrengung Die Balance zwischen Arbeit und Freizeit herstellen.

Rechte Versenkung Den unruhigen und abschweifenden Geist kontrollieren.

Rechte Achtsamkeit Ganz im Moment sein und sich darauf konzentrieren.

Reflexion

Stellen Sie sich nun die Fragen, die Sie sich bereits in Kapitel 2 über das Prinzip der Leere gestellt haben, noch einmal. Hat sich etwas verändert? Wenn ja, was?

- Sind Sie in Ihren Ex-Partner immer noch verliebt, und wünschen Sie sich eine Versöhnung?
- Welche Rolle haben Sie beim Zusammenbruch Ihrer Beziehung gespielt?
- Welche Gefühle löst Ihr Ex-Partner in Ihnen aus? (Achtung: Fangfrage!)
- Welchen Verlust bei der Trennung beklagen Sie am meisten?
- Hat die Trennung auch Vorteile?
- Wie sieht das Leben jetzt für Sie aus?
- Sind Sie deprimiert und/oder ängstlich? Weswegen genau sind Sie deprimiert oder wovor genau haben Sie Angst?

Die »richtigen« Antworten auf diese Fragen zu kennen und sie tatsächlich zu fühlen sind für Sie vielleicht noch zwei Paar Schuhe. Jetzt allerdings haben Sie einen Übungsweg, der Ihnen hilft, daran zu arbeiten.

Ich hoffe, Sie kämpfen für Ihren eigenen inneren Frieden und Ihr Glück.

Sie haben Köpfchen, Sie haben Füße –
Sie können gehen,
wohin Sie wollen.
DR. SEUSS

Elena-Katharina Sohn

Goodbye Herzschmerz

Eine Anleitung zum Wieder-Glücklichsein

Taschenbuch.
Auch als E-Book erhältlich.
www.ullstein-taschenbuch.de

Elena-Katharina Sohn ist DIE Expertin für Liebeskummer

Liebeskummer – was so harmlos klingt, tut in Wahrheit verdammt weh und kann uns schlimmstenfalls sogar die Lust am Leben nehmen. Elena-Katharina Sohn arbeitet täglich mit Frauen und Männern, die an Herzschmerz leiden. Sie hat eine Methode entwickelt, um zerbrochene Herzen zu heilen – und mehr noch: Sie hilft den Betroffenen, wieder richtig glücklich zu sein! So wird aus der Krise Liebeskummer eine wunderbare Chance.